もっと
独学で学びたい
読者のための
30冊

みきまるファンド 著

続 みきまるの株式投資本オールタイムベスト

書籍版

ALL TIME BEST

JN055169

Pan Rolling

目次

第1章　バリュー投資のための10冊

第2章　モメンタム投資のための7冊

第3章　インデックス投資のための2冊

第4章 『マーケットの魔術師』から広がる世界

第5章 相場心理に関する4冊

第6章　日本の投資家による4冊

〔編集部注〕♛は各章の一押しタイトルです

第1章

バリュー投資のための10冊

第1章 序

2019年に上梓した、『みきまるの【書籍版】株式投資本オールタイムベスト』ですが、おかげさまで読者の方々、また多くの投資家の方からもご好評をいただきました。そのため早々に続編にゴーサインが出て本の選定を進めました。今回この本をお届けできるのは、すべて同書を購入してくださった皆さまのお力によるものです。心からのお礼を申し上げます。

そして今回の『みきまるの続【書籍版】株式投資本オールタイムベスト』、実は執筆できて心の底からホッとしています。なぜかというと、前回の第1巻では紹介したい本があまりにも多過ぎて、大量の超名著が当落線上を彷徨い、結果として載せられないものがあったからです。私は書き終わった瞬間に、「まだ絶対に紹介したい本がたくさんある。続巻を書かずには、このままでは自分は死ねない」と感じました（笑）。その念願がかなった今回は第1巻で紹介することができなかった名著の〝かなりの部分〟をカバーできたものと考えています。書けて嬉しいと同時にホッとしている理由、お分かりいただけたでしょうか。

＊

さて私は「優待バリュー株投資家」を自称しており、また自分では「正統派のバリュー株投資家」であるとも考えています（笑）。なので、今回もバリュー投資に関する投資本の紹介から始めます。冒頭を飾るのは「バリュー投資の創始者・父」であり、あのウォーレン・バフェットの師匠としても知られる、ベンジャミン・グレアムの『証券分析〈1934年第1版〉』です。バリュー投資家にとっての〝聖書〟として知られるこの永遠の名著からスタートするということは、そのまま私の投資家としての総合戦闘力がはっきりと試されるということでもあります。そして同時に、今回の続巻の内容・クオリティ、第1巻を超える読みやすさと分かりやすさに自信を持っていることの表明でもあります。

次に紹介する『投資で一番大切な20の教え』では、バリュー投資に必要なものが何かを学ぶことができます。その極上の出来栄えに誰もが心を打たれるでしょう。

続いて登場するのは、1980年代に全米ナンバーワンのファンドマネジャーと言われたピーター・リンチの『株で勝つ』です。1989年の発売以来30年間ずっとベストセラーという驚異的な本であり、実は第1巻の刊行時に「なんでこの本が入ってないんだ。絶対おかしいだろ」というお叱りの声を多数いただきました。なので今回紹介できて本当に良かった（笑）。

そして流れそのままに、ピーター・リンチの愛弟子で、フィデリティ・ロープライスド・ストック・ファンドのポートフォリオマネジャーである、ジョエル・ティリングハストの著書『株式投資の原則』を紹介します。『株で勝つ』と読み比べると、リンチとティリングハストには〝共通の投資哲学〟が感じられるのが興味深いですね。

『千年投資の公理』は日本人投資家にとても人気の高い一冊です。個人的には〝ドロボー投資法〟（⁉）を推奨しているところがツボにはまって大好きです。非常に分かりやすく簡潔に文章が紡がれているので、投資初心者の方に強くお勧めしたいと思います。

新進気鋭の現代の若手バリュー投資家による『勘違いエリートが真のバリュー投資家になるまでの物語』は、躍動感あふれる快作です。高学歴を鼻にかけ生意気で自己中心的だったガイ・スピアが、ＡＤＤ（注意欠陥障害）を抱えながらも自らの弱さと欠点を克服しバリュー投資家として成長していく物語です。他の本にはない、バリュー投資に関する深い洞察に溢れていて魅力的ですね。

知名度は低いものの、グレアムやバフェットに連なる手堅い正統派のバリュー投資家であるヴァヘンハイムによる『ハーバード流ケースメソッドで学ぶバリュー投資』も、素晴らしい一冊です。グロース株投資の危険性、パクリバリュー投資の有効性、そしてバリュー投資の優位性がはっきりと理解できると思います。

『実践ディープバリュー投資』は、「失われた30年」のせいで極度の低迷が長く続き、世界中で最もディープバリュー株が多い、と言われている日本株市場で戦う私たちには、マストの素敵な傑作です。〝イギリス人投資家イェルン・ボスの目に映る日本株市場の今〟が観察できるところもいいですね。

私が〝一家に一冊常備すべき〟と考える（笑）のが『チャートでみる株式市場２００年の歴

史』です。さまざまな面白いチャートが載せてあり、それについて孤高の天才ケン・フィッシャーが独自の視点から解説し倒してくれる、という分かりやすくてごキゲンな構成となっています。市場には暴落が付き物ですが、この本は〝投資家の精神安定剤〟として抜群の効力を発揮してくれます。

『アノマリー投資』はアメリカ株市場の季節性やさまざまなアノマリー（経験則）を簡潔に記載したものです。〝似た本が存在しない〟という意味で凄い本です。そして1回読んで本棚に置いておくととても役立つ、超実践的な内容がいいですね。

それでは、以上10冊の醍醐味を、ゆっくりお楽しみください。

証券分析〈1934年第1版〉

ベンジャミン・グレアム、デビッド・L・ドッド［著］
パンローリング・2002年

1．総論

書籍版の「株式投資本オールタイムベスト」もおかげさまで第2弾となりました。その劈頭を飾るのは『証券分析（Security Analysis）』です。皆さまご存知の通り、ベンジャミン・グレアムは〝バリュー投資の父〟であり、世界最高峰の投資家ウォーレン・バフェットの直接の師匠でもあります。

そして本書は、我々バリュー投資家にとっての、まさに聖書＝バイブルであり、全950ページ余という至高の大ボリュームを誇る、この証券分析の書評を書くことは、この**株式投資本オールタイムベストシリーズの大きな目的の一つ**でした。

それではいよいよ始めましょう。

2．大恐慌の株価下落の凄まじさ

まずは「序文」から。

「われわれはこの6年間（1927～1933年）に、それまでまったく経験しなかったような、投機のある面に直面した。今回の強気と弱気の大相場は、その程度と継続期間という点で最近の歴史では前例のないものであった。

しかし投機家の経験に照らしてみると、基本的にはこれまでの相場の循環とそれほど大きく異なるものではない」（引用終わり）

次ページの図表「ダウ工業株30種平均（1897～1934年の月間終値平均）」を見ると、1929年の大恐慌による株価下落の凄まじさが分かりますね。そして同時に1932年の底値が1903年の底値とほぼ同値にまで下がっているのを見ると、「**失われた30年**」**が続く現在の日本株市場に関しても「そのくらいのことは当然にあり得る」**ことがよく分かります。

3．すべては平均回帰する

今回は、「第27章　普通株の投資」から。

「新しい理論が装いも新たに単純化された結果、調査と統計データなどは無用の長物となった。そして上向きの収益トレンドを描く有望な会社を探して、値段は一切問わずにその株を買うという新しい投資原則がそれに取って代わった。

今の安全な投資法とはみんなが買うものを買う、つまり〝ブルーチップ（優良株）〟と呼ばれる最も人気のある値がさ株を購入することである。ここには過小評価された不人気株を探す

図表　ダウ工業株30種平均（1897〜1934年の月間終値平均）

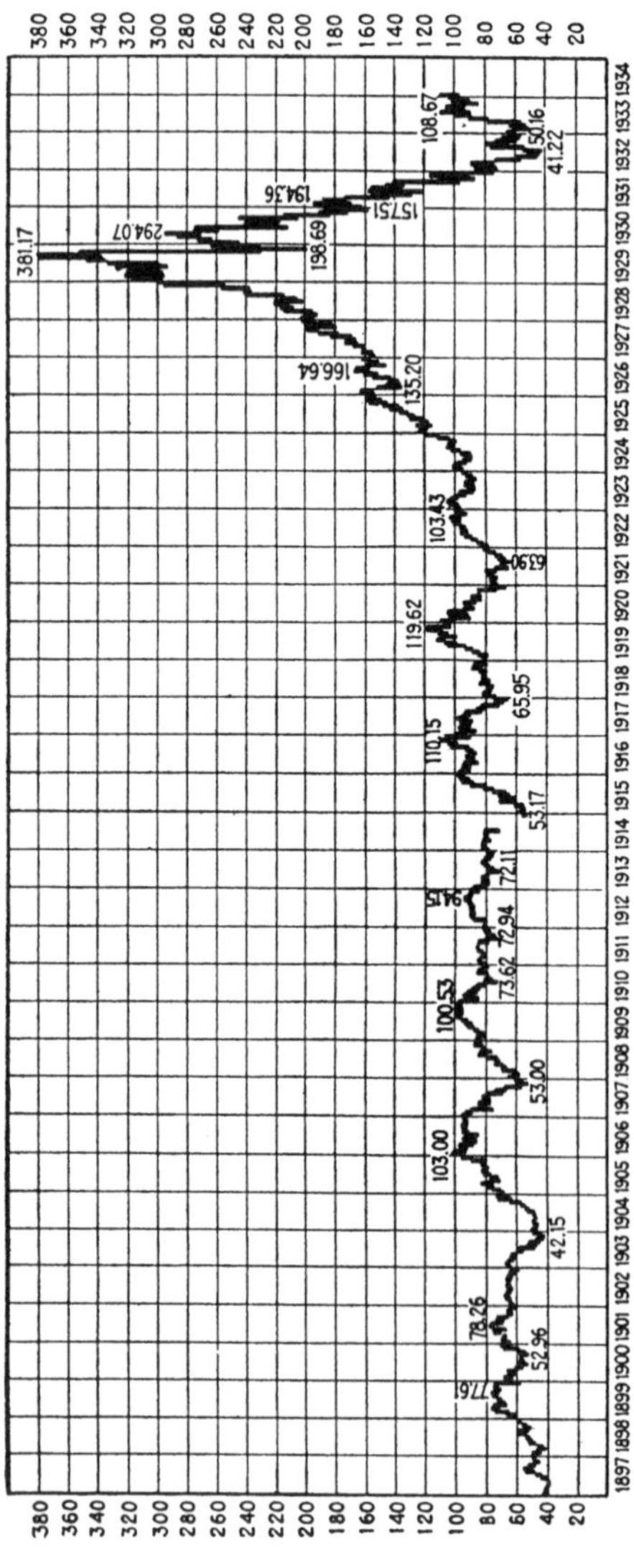

出所：ダウ・ジョーンズ

という初期のころの投資原則の影はみじんも見られない」

グレアムが嘆いた市場の姿は、彼が本書を書いてから**80年以上が経過した現在でも全く変わりません**。今だと、いわゆる〝FANG銘柄〟が当てはまると思います。

「われわれが、過去の収益トレンドが将来も続くという前提に懐疑的であるのは次のような理由による。まずマクロ経済の観点から見ると、収益低下と競争激化の原則に照らせば、これまでの急成長のカーブは遅かれ早かれ横ばいになることは避けられない。

また景気循環の法則に照らせば、収益の上昇トレンドが人々から最も注目されるのは、それがまさに反落する直前であるという皮肉な現実をこれまでの歴史が教えているからである」

すべては〝平均回帰〟するということですね。それにしてもどうでしょう、これらのグレアムの言葉、現在の市場に照らし合わせても全く古さを感じなくないですか？　だからこそ、この『証券分析』は我々バリュー投資家にとっての〝バイブル〟であり続けているんですね。

4．適度な分散は必要

今回は、「第28章　普通株の投資基準」から見ていきます。

「以上の考え方を推し進めると、普通株の投資原則は保険会社のアプローチにかなり似ているという結論にたどり着く。

個別銘柄における予想外のリスクを平均化するためにも分散投資を心掛けるべきであろう。

ひとつの銘柄だけの投資というものは1件だけの保険契約で保険事業が成り立たないのと同じように、それは投資に値しないものである」

この数年の日本株市場でも、夢のあるバイオ銘柄に一点集中&全幅の信用で買い向かって、結果として儚く散ってしまう方が多数みられましたが、こういうやり方は投資ではないということです。**〝分散のし過ぎは問題だけど、それでも適度な分散は必要〟**ということですね。

5．特殊な会計処理によって利益を出している会社は危険

今回は、「第33章　損益計算書の数字の操作」から。

「ユナイテッド・シガー・ストアーズのケースからはいくつかの有益な教訓が得られる。そのひとつは**その会社が特殊な会計処理によって利益を出している場合には、その証券がどれほど魅力的に見えようとも、投資家はけっして手を出してはならない**ということである。

投資家の多くはその会社の不審な会計処理を気にしながらも安全余裕率が十分である場合などは、その証券は大丈夫と思ってしまうだろう。しかし、でたらめな経営の会社に数量的な安全基準などを適用できるはずがなく、投資家にできることといえばそうした会社の証券は避けるということだけなのである」

このグレアムの文章を読んですぐ頭に浮かぶのは、〝負ののれんを使った錬金術〟で過去数年に〝見た目の急成長〟を遂げていた２９２８ＲＩＺＡＰグループですね。

ただ結局こういったトリッキーなやり方は長続きはしませんし、この手の銘柄を買う場合には指標的に十二分に安い位置からでないと大やけどすることが多いですね。

6.「グリッチ」の源

今回は、「第37章　過去の決算数字」からです。

「普通株の時価とはその会社の長期的な平均利益よりも当期利益を反映したものである。これが普通株の値動きを激しくしている大きな理由。

当期利益の変化に応じてその企業の評価も大きく変化するという点では、株式市場とはまったく非合理的なものである。

逆に言えば、この点に関する投機家の間違った考え方が論理的に考える賢明な投資家に利益のチャンスを与えているともいえる。つまり、一時的に減益になった会社の普通株を安値で買い、その後の好況期の高値でそれを売れば利益を手にすることができるということである」

このグレアムの指摘は、後年の**ケン・フィッシャー**による「**グリッチ**」**というアイデアに通じるもの**と感じました。

まさに、我々バリュー投資家にとっての〝バイブル〟。この本の輝きは永遠に失せることはないですね。

7. 常に安全域を保ち、大きく負けない

今回は、「第39章　普通株の株価収益率」から。

「その倍率はそのときの株式市場の雰囲気やその会社の業種・業績などを反映している。1927～1929年の熱狂相場の前までは、PER（株価収益率）で10倍というのが一般的な基準であった。

証券アナリストは特定の普通株の〝適切な価値〟について一般的な原則などは示すべきでない。そのようなものは実際には存在していない。

当期利益が常に変化していることを考えれば、それをベースに普通株の価値を評価するというその考え方自体がおかしいことになる。10倍とか15倍などというPERは基本的には恣意的な基準でしかない。

その意味では株式市場は計量器というよりは票数計算機のようなものである。株式市場はさまざまな事実に直接反応するのではなく、また株式とは単に売り手と買い手の考えの結果を反映したものに過ぎないのである。

〝いつもPER16倍以上で普通株を購入する人は最終的には大損することになる〟というわれわれの論理を知っておいても損はないだろう。そうした人々はいつでも強気相場の誘惑に負けて、法外な高値で普通株を買ったもっともらしい理由をとうとうと述べ立てるものなのである」

どうでしょう、これらのグレアムの〝芳醇なヴィンテージウィスキー〟のような言葉の数々。**株式市場で〝常に安全域を保ち、大きく負けない〟ために大切なこと**が、これ以上ないくらいの〝真っ直ぐな言葉〟で綴られています。

翻って、ちまたに溢れるあまたの投資指南本に〝本当に重要なこと〟はきちんと書いてあるでしょうか？

8．85年以上有効であり続ける確かな手法

『証券分析』の最終回です。「第52章　マーケット分析と証券分析」から。

「証券分析にはマーケット分析と比較していくつかの優位性があり、そのために、訓練を積んだ賢明な人たちにとって前者は、より成功できる分野であるとわれわれは考えている。

証券分析では、不測の事態に対する防御ということに最大の重点が置かれる。その根底にあるのは、たとえその証券が結果的に思ったより魅力のないものだった場合でも、その投資は納得のいくものになる可能性がある、という考え方である。

マーケット分析には安全余裕率などという概念はなく、正しいか間違っているかのどちらかであり、もし間違っていたとすれば、虎の子を失うのだ。

マーケット分析のほうが証券分析よりも簡単に思えるし、手早くより大きな利益を得られる可能性もある。まさにこのことが原因となって、長期的に見ると期待外れの結果となる公算が

大きいのだ。

ウォール街にもそれ以外の場所にも、一獲千金のための確実な方法など存在しないのである」

この数年でもマーケット分析に基づいて〝夢のあるバイオ株〟に勝負をかけ、結果として〝図らずも凍死家となる方が続出〟しました。

それに対して、グレアムの〝常に安全域を保った、ディープバリュー株投資手法〟には、派手さはなくとも、本書が記された**1934年から85年以上有効であり続け、マーケットが与える試練を乗り越え続けてきた**という確かな実績があります。

私はこれからも「バリュー投資の父」グレアムが生み出した、〝安全域を保ち続ける手法〟をベースとして、ここ日本株市場で戦い抜いていこうと考えています。

さて、これでこの本の紹介は終わりです。我々バリュー投資家にとっての〝聖書〟の書評を書き上げることは、私の投資家としての長年の夢でした。夢の向こうに何があるのか、自分の投資家としての冒険は、まだこれからも続きます。

投資で一番大切な20の教え

ハワード・マークス［著］、日本経済新聞出版社・2012年

投資で一番大切な
20の教え
賢い投資家になるための隠れた常識
THE MOST IMPORTANT THING
Uncommon Sense for the Thoughtful Investor
ハワード・マークス
大不況下でも勝ち続ける
運用戦略と思考法！
世界一の投資家バフェット推薦

1. 総論

投資家の中には「無数にある株式投資本の中で、この本がベスト・オブ・ベスト」と言い切る方もたくさんいらっしゃいます。具体的に言うと〝さっかくさん〟という投資本を５００冊持っているという凄腕の若手投資家の方がいらっしゃるのですが、彼がこの本をベスト１位に挙げています。私もこの本が最高の一冊であることに全く異論はありません。

この本の素晴らしさ、それは、**バリュー投資に必要なものを凄く高い視点から俯瞰して総括してくれていること**、です。著者のハワード・マークスには「すべてが見えている」。読みながらそれがダイレクトに心に伝わってくる、「あぁ、今自分は宝物のような本を読んでいる」ということが実感でき、その〝ハイクオリティで特別な感動が最初から最後まで続く〟のです。

著者は「投資は簡単なことではない。簡単だと思うのは愚か者である」というチャーリー・マンガーの金言を引用してまず最初に我々を諭します。「ほかの投資家よりも正確に見極める力が必要。言い換えれば、周りとは違う思考方法を持たなければならない」と述べています。

そして具体的には第1章で、単純で底が浅い誰にでもできる1次的思考（これは良い企業だから株を買おう）ではなく、**奥が深く複雑で入り組んだ2次的思考**（これは良い企業だ。ただ株は過大評価されていて割高だから売ろう）が必要であると力説します。この〝2次的思考〟という概念は本当に大切であると思い、私もこの本を読んだ日から常に「自分の投資ストーリーが浅すぎないか？　単純化し過ぎていないか？」を自問するようにしています。

さらに第5、6、7章にかけて展開される〝リスク〟の話も秀逸です。一言でいうとリスクとは、単に〝リターン〟と正比例する分かりやすくて単純なものではなく、図表「リスクとリターンの相関」のように、「リスクの高い投資というのは、先行きがより不確か、ということだ。つまり、リターンの確率分布の幅が広い

図表　リスクとリターンの相関

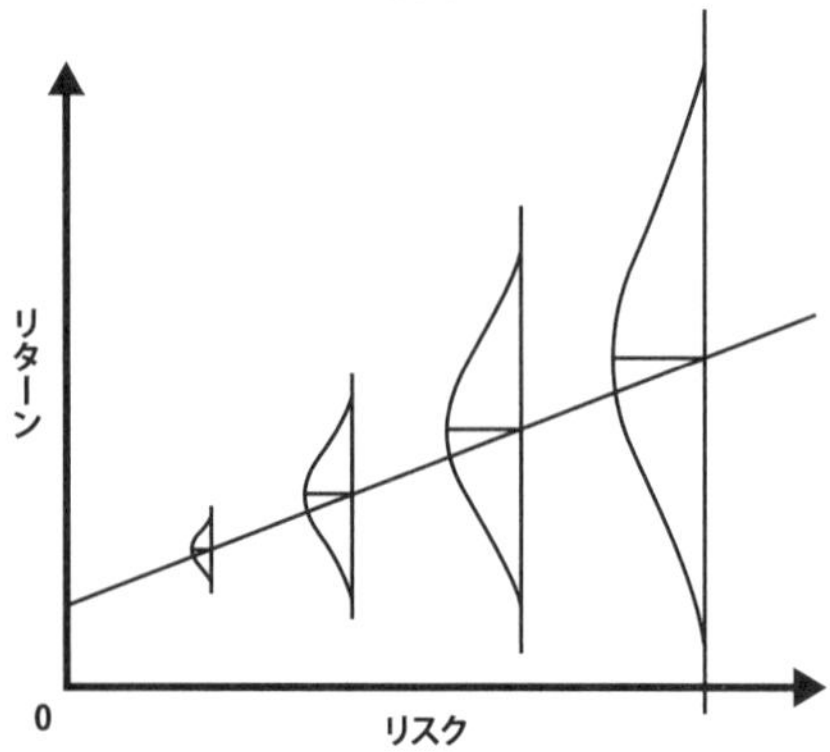

出所＝『投資で一番大切な20の教え』より引用

ので、場合によっては損失が出る可能性もあるということだ」と述べているのですが、この素敵なグラフだけでも1000円くらいの価値があるなあ、といつも見るたびに思います。

また第9章の「振り子を意識する」という視点も素晴らしいと思います。今の**株式市場が上昇局面と下降局面のどこにあるのかを常に考えることの必要性**を述べているものですが、「賢明な人が最初にやること、それは愚か者が最後にやることだ」という著者の指摘は味わい深いです。

ハワード・マークスの「投資を成功させるには、一番大切なことがたくさんある。それらはすべて重要なのである。1つ1つの要素が、強固な壁となるべきものを構成するレンガなのであり、どれが欠けても困るのだ」という指摘は、株式投資の本質をズバッと射抜いています。ばかでは勝てない、怠惰では勝てない、運がなくては勝てない、そういう厳しい世界で我々は戦っているんだということを改めて痛感させてくれる、時を超える名著ですね。

2. ハワード・マークスの「掘り出し物の探し方」

今回は、素晴らしい出来である「第12章　掘り出し物を見つける」から見てみましょう。

「めざすは割安な資産を見つけ出すことだ。では、どこで探せばいいのか手始めに以下のようなものに目をつけるとよいだろう。

・あまり知られておらず、十分に理解されていない

・一見してファンダメンタルズ面で疑問点がある
・議論の的になっていたり、反規範的と見られていたり、恐れられていたりする
・〝真っ当な〟ポートフォリオに組み入れるには不適切とみなされている
・正しく評価されていなかったり、人気がなかったり、ないがしろにされていたりする
・リターンが低迷し続けている
・このところ、買い増しよりも削減の対象になっている

これらすべてを一文でまとめるとこうなる。**人々が実態よりも著しく悪い印象を抱いている状況でなければ、掘り出し物は生じえない。つまり、最良の機会は、たいてい周りのほとんどの人が気づいていないものの中から見つかる**」

私がこのハワード・マークスの〝掘り出し物の探し方〟を読んで最初に感じたのは、「今の日本株市場だったら一番はマンションデベロッパーなんじゃないかな？」ということでした。

2008～2009年のリーマンショックの頃に大小含めてたくさんのマンデベ銘柄が倒産したり、倒産しないまでも死の淵まで追い込まれた記憶は未だに多くの投資家の脳裏に焼き付いています。大多数の投資家はマンデベ銘柄を〝絶対に投資を避けるべき危険集団〟と見なしており、とても冷淡かつ無関心です。

そのせいで、リーマンショックから10年経った今でもマンデベ銘柄には、その指標的な割安さと成長力から考えると、「ちょっとあり得ないな」という水準の安値に捨て置かれている銘

柄が多くみられます。そのため私は、2019年12月現在でいうと、3254プレサンスコーポレーション、8897タカラレーベン、8928穴吹興産などのマンデベ銘柄をPF上位に据えて戦っています。

ただ私のこれらの銘柄群を見て、〝長時間煮出した激渋緑茶を飲んだようなしかめ面〟で拒否反応を示される投資家の方が現時点では大多数です。マンデベ銘柄が私の思うような掘り出し物かどうかの**〝答え合わせ〟は数年後になる**でしょうね(笑)。

♛ピーター・リンチの株で勝つ

ピーター・リンチ、ジョン・ロスチャイルド［著］
ダイヤモンド社・2001年

1. 総論

この本の素晴らしさは多くの方が書いているので私が語るまでもないですね。私は最初２００３年に買って脳天を稲妻が突き抜けるような衝撃を受けました。その後５、６回は再読し、２０１５年にこのランキング編成に当って改めて読み直したのですが、全く古くないんですね。自分の投資法のかなりの部分はリンチから学んだものなのだ、ということを実感しています。

私がリンチから学んだことの中で一番大切と思っていることは、企業ＩＲ担当へ電話をかけることの重要性です。リンチは、「**１００回電話すれば10回、１０００回であれば１００回の驚くべき状況に出くわすことができる**」と述べていますが、これはまさに真実だと思います。

例えば２０１５年は７９８９立川ブラインドのサプライズ東証１部昇格がありました。私はここを主力にしていたために現在大きな含み益をいただいたありがたい状態だったのですが、昇格の前の1年くらいは株価がヨコヨコで非常につまらない状態が長く続いていたために、ここを有望と思っていったんは手掛けても、焦れて手放してしまった方も多かったと思います。

でも私はそのつまらない期間を耐えて継続できました。その理由はというと、主力化に当って会社ＩＲに電話をした時の経験が大きかったのです。会社側は立会外分売、優待新設等の施策の理由について「東証1部昇格を意図したものでは全くありません。単に個人投資家の方を増やしたいだけです」としかおっしゃらなかったのですが、私はさまざまな角度を変えた質問を何度も繰り返す中で、逆になぜか「これは東証1部昇格は遠くはないだろう」という強い鮮烈な印象を受けたのです。そしてそれが立川ブラインドを主力として握り続ける胆力となったのでした。

2. 企業ＩＲ担当に電話をすることの重要性

今回は素晴らしい出来である「第12章　事実を手に入れる」から。

「会社に電話をかけてみる

プロの投資家はいつでも会社に電話をするが、アマチュアの投資家にはそんなことは思いもよらない。もしあなたが特別の質問を持っているなら、ＩＲ（インベスター・リレーションズ）の担当者に相談してみるとよい。

多くの会社は、カンザス州のトペカとかにいる１００株程度の小株主とでも、意見を交換することを歓迎してくれるだろう。
ＩＲ担当者に冷たくあしらわれるということなど滅多にないが、もしそうなった場合、あなたは、現在2万株を保有していて、2倍にしようかどうか考えているなどと言えばよいのだ」

前回も述べましたが、私がこのリンチの神本から学んだ**宝物の1つが〝会社ＩＲに電話をすることの重要性〟**です。ＩＲに電話をするためにはしっかりした下準備をしなくてはならないのでそれがまず非常に勉強になりますし、ＩＲ担当者からダイレクトに得られる〝情報の鮮度と質〟には極めて高い価値があるからです。

そして私の経験上でも、ＩＲに電話をして冷たい、酷い対応を受けることは基本的にはあまりありません。ただし、リンチが言うように、**保有株式数が多いとＩＲ対応が良くなるのは厳然たる事実**です。〝保有株数は圧になる〟んですね。

なので、私は保有株式数が多い銘柄では、最初に、「個人投資家で御社の株を〇万株保有しているみきまるです。実は更なる買い増しを検討しております。今日はほんの数点だけ質問をさせてください」というように言葉を切り出すようにしています。そうすると、大体はフレンドリーな雰囲気で会話が続きますね（笑）。

「会社に電話をかける前に、質問事項を準備しなければならないが、決して〝御社の株価はどうして下がっているのですか〟などという質問から始めてはいけない。そのような質問はあなたを株式投資の初心者であると決定づけるもので、真剣な回答が期待できなくなるだろう。会社にはなぜ株価が下がっているのかなどはわからないことが多いのだから。

あなたがＩＲ担当者から本当に得たいことは、その会社に対するあなたのストーリーが正しいか否かということのヒントだろう。

あなた自身が何を調べているかを相手にわからせるような質問から始めるのもよい」

私は会社ＩＲに電話をする前には、決算短信は当然として有価証券報告書にも目を通し、その上で**自分だけではどうしても解決できない疑問点をコンパクトに短く質問する**ようにしています。忙しいＩＲ担当の方に時間を割いていただくので、それが当然のマナーだと考えています。

ちなみによく聞く質問には「御社は過去○年、一度も赤字がありませんが、どうしてこのような素晴らしい業績を出し続けられているのでしょうか？　その最大の秘密はなんでしょうか？」というものがあります。

「私は10回の電話の取材のうちで、１回くらいは何か普通でないものを見つける。**１００回電話すれば10回、１０００回であれば１００回くらいの驚くべき状況に出くわすことができる**のである」

リンチのこの言葉はとても有名ですが、私の過去数百回のＩＲへの電話の経験からも完全に事実と思います。電話しても結局自分がその銘柄に対して思い描いていたストーリーを再確認する結果となるだけのことも多いですが（それはそれでとても有意義なことです）、10％くらいの確率で、「おっ！、いいこと聞いた♪」という情報に出くわすことがあります。そして2～3％くらいの確率で、〝IRと電話をしながら、もう片手でマウスをクリックしてすぐにその銘柄の買い増しを始める〟ような**飛び切り極上の情報にありつけること**もあります。

そのくらい、IRへの電話というのは有用性が高いんですね（笑）。

3.「優待株いけす理論」の生みの親

今回は珠玉の出来である、「第16章　ポートフォリオを作る」から見ていきましょう。

「私のファンドは全部で1400銘柄を保有しているが、100銘柄で資金の約半分、200銘柄では約3分の2を占めている。また全額の1％は、いわば第2群の約500銘柄の株式に投資し、定期的に調べて、後の大量投資に備えている。

第2選択群のうち、**自信を持てるようになった銘柄は、第1選択群へ昇格させる**のである」

私は最初にこのリンチの言葉を読んだときに、「なんて理に適っていて良いアイデアなんだ」と感嘆しました。たくさんの銘柄を保有しそこから極上のものだけを選び抜いて1軍に上げるというのは〝野球のメジャーリーグの選手選抜システムと同じ〟ですし、読んだ瞬間にとてもしっくりときたのです。

そして、この**リンチの考え方にインスパイアされて生まれたのが、私の投資理論の根幹を成す〝優待株いけす理論〟**（大量の優待株を保有し、それらを切磋琢磨させながら楽しく観察し、総合戦闘力がずば抜けた〝魚〟だけを主力に昇格させるやり方）でもあるんですね。

4．現金化するというのは、株式市場から降りるということ

今回も珠玉の出来である、「第16章 ポートフォリオを作る」から。

「私は、常に銘柄やストーリーをチェックして、事情の変化に応じて保有株を買い増したり、減らしたりしている。しかし、そのときどきに予想される投信の解約に応じるための売りを除いては、現金化することはない。

現金化するというのは、株式市場から降りるということだ。状況に応じて株の入れ替えを行い、常に株式市場にとどまるというのが、私の考え方である。もしあなたが、ある金額を株式投資に向けようと決めたのなら、**常に株に投資し続ける**こと。**これがタイミングの悪い行動や、もたつきから、あなた自身を救う**ことになろう」

ピーター・リンチもこのように、**〝マーケットタイミング〟を計る戦略の危険性をはっきりと明言**しています。第1巻で紹介した『敗者のゲーム』の中で、著者のチャールズ・エリスが口を酸っぱくして述べているように、「投資家は、〝稲妻が輝く瞬間〟に市場に居合わせなければならない。相場のタイミングに賭ける投資は間違っており、決して考えてはいけない」んですね。

♛ティリングハストの株式投資の原則

ジョエル・ティリングハスト［著］、パンローリング・2018年

1．総論

ティリングハストは、あのピーター・リンチの直弟子で、日本市場でも中小型のバリュー株を中心に多くの銘柄を組み入れてくれている「フィデリティ・ロープライスド・ストック・ファンド」のポートフォリオマネジャーです。

彼のファンドの投資実績は、長年に渡りベンチマークを圧倒的に上回っています。つまり、ティリングハストは〝本物の中の本物〟ということですね。

ちなみにティリングハストが運用しているフィデリティ・ロープライスド・ストック・ファンドは、私が「四季報オンラインプレミアム」で調べたところでは、２０１９年3月時点で日本株では１３３銘柄に投資をしているのですが、その中には私がポートフォリオ上位で戦って

いる銘柄として、5982マルゼン（保有比率8・0％）、2737トーメンデバイス（同7・9％）、3228三栄建築設計（同5・7％）、8167リテールパートナーズ（同0・9％）などがあります。

またティリングハストは、同じく、「フィデリティ・イントリンシック・オポチュニティズ」のポートフォリオマネジャーでもあるのですが、こちらでも日本株では152銘柄に投資しています。そしてその中では、同じく私がポートフォリオ上位で戦っている銘柄として、7605フジ・コーポレーション（保有比率6・7％）、7533グリーンクロス（同6・1％）、3228三栄建築設計（同3・0％）、7614オーエムツーネットワーク（同2・9％）、5185フコク（同1・5％）、8167リテールパートナーズ（同1・3％）、9956バローホールディングス（同1・2％）などがあります。

そしてこれはもちろんただの偶然ではありません。なぜなら私は世界トップクラスのファンドマネジャーであるティリングハストが日本株市場で買っている銘柄を、常に「目を皿のようにして」徹底的に解析し、調べ尽くしているからです（笑）。

つまり、**ティリングハストは私にとって〝師匠の一人〟でもある**わけですね。それでは次回からは、そんな師匠の哲学がたっぷりと詰まった極上の一冊をじっくりと見ていくことと致しましょう。

2. 最も多くの岩をひっくり返した人物が勝つ

今回は、伝説のファンドマネジャー、ピーター・リンチによる、素晴らしい序文から。

「私は文字通り、人生を通してアクティブ運用のストックピッカー（銘柄選択者）であり続けた。それゆえに、批評家たちが〝アクティブ運用のファンドマネジャーはベンチマークに勝つことができない〟と、すべてを一くくりにして口にするのを聞くのが嫌である。それが真実ではないことを読者に伝えるために筆を執った。

長期にわたりベンチマークを上回る業績を上げる有能なプロの投資家が大勢いるのだ。**ティリングハストはそのなかでもトップクラス**の存在である」

私自身も、「投資家として極限の努力を傾け続ければ、長い期間で見ればベンチマークを上回る成績を残すことができる」と固く信じています。

「彼をフィデリティで採用したのは私。

過去のパフォーマンスが将来の結果を保証するものではないが、ティリングハストはおよそ28年に及ぶ期間を通じて、自らのファンドの受益者に素晴らしい成果を届けてきた。

彼はまさに市場に打ち勝つことのできるアクティブ運用者の好例である。

彼は忍耐強く、柔軟で、融通無碍である。

また、独自の調査を行う意欲を持ち、自分が間違っているときは進んでそれを認めて撤退する。彼は粘り強いが、頑固ではない」

いやあ、ピーター・リンチ、直弟子のティリングハストをべた褒めですね。この序文を読んだだけで、この本への期待がグングンと高まっていきます♬

「ほとんどの投資家は、株価が10～15％上昇すると利喰いをして、ほかの銘柄に移ろうとしがちである。しかし、株価が上昇したとしても、10～15％の上昇はさらなる成長余地を否定するものではない。成功する投資家は長期間にわたって保有し、基礎となるストーリーを観察し続け、依然として有効であればとどまり、そうでなければほかへと移るのである。

偉大な投資家になる方法を学ぶことはできないが、間違いを避け、投資家として成功する術は学ぶことができる。

注意深く行動し、間違いを避け、忍耐強くあることのほうが、大胆な投資を行うよりも利益を手にする可能性は高い」

この後の本文を読めば明らかですが、ティリングハストの手法は〝極めてオーソドックスなバリュー投資〟で、平凡でありきたりのものです。それでも過去の28年間でベンチマークを圧倒的に上回る驚異的な成績を収めてきました。

突出した能力がなくても、忍耐力や謙虚さ、常に学ぶ姿勢があれば、投資家として大成することは可能ということなんですね。

「大部分の銘柄は公正な価格付けがなされている。10の銘柄のうち、投資に値するのは1つだけだと私は常々述べてきた。20の銘柄であれば2つ、100銘柄であれば10という具合である。**最も多くの岩をひっくり返した人物が勝つのである。**

ティリングハストは、最も多くの岩をひっくり返しているばかりでなく、彼は偉大なる地質学者でもあるのだ」

フィデリティ・ロープライスド・ストック・ファンドは常に大体1000弱もの銘柄を保有しています。広い視野を持ち、岩をひっくり返しまくり、宝物を探し続けているわけです。

そして私の〝**優待株いけす理論**〟も、実はこの、ピーター・リンチ → ジョエル・ティリングハストの哲学に影響されて生まれたものでもあります。多くの銘柄を保有しそれらを比較・観察し続けることによって、総合戦闘力のずば抜けて高い銘柄を抽出しようというアイデアなんですね。

3．長期で見てインデックスに勝つアクティブファンドは現実に存在する

今回はいきなり極上の出来である、「第1章　マッドワールド」から。

「私は、1989年からイントリンシック・バリュー・アプローチ（企業の本源的価値に注目した投資手法）に基づいてフィデリティ・ロープライスト・ストック・ファンド（FLPSX）を運用しているが、**ラッセル2000にもS&P500にも、年に4%ほど上回るパフォーマンスを上げてきた。**

ＦＬＰＳＸに投じられた1ドルは27年間で32ドルになったが、インデックスに投じられた1ドルは12ドルにしかなっていない」

いやあ、ティリングハストの成績は改めて素晴らしいと思いますし、ファンドの純資産総額が大きくて運用が難しいことを考えれば驚異的ですらあります。そして、**長期間で見てインデックスに打ち勝つアクティブファンドは、このように現実にきちんと存在している**という事実は重要ですね。

「もし急いで売らなければならないとしたら、**手にするのは時価であって、価値ではない**。私自身も推奨しているバリュー投資の中心思想は、株価と価値とは常に等しいわけではないが、将来のある時点で等しくなるはずだというものである。それがいつかは分からないので、**忍耐力は必須**である。

多くの場合、**実際の結果は長い時間をかけて実現**する。

忍耐力を持ち、回転率を低く維持することが求められる。

回転率が高まるほど、ファンドのパフォーマンスは悪くなる」

頻繁な売買による手数料と税金が、ポートフォリオのパフォーマンスを蝕む最大の原因なのは明らかです。そして私も一度〝優待株いけす〟に入れた銘柄はよほどのことがない限り売ることはありません。**回転率を極限まで下げるように常に意識**しています。

「私は効率的市場仮説を教訓ととらえている。平均的な人間が平均的な結果を得ることは真実だが、ほかのあらゆる取り組みと同様に、ほかよりも能力の高い者や利害の大きい者に存在する。競争のあるあらゆるゲームにおいて、勝者と敗者が生まれるのだ」

そう、**投資も他のゲームと同じ**です。勝つものも負ける者もいます。**かける熱量・努力・才能によって結果が異なるのは当然のこと**ですね。

「われわれはまだ見ない未来に取り組んでいるのであり、真実ははっきりとはしない。われわれにできる最良のことは、注意深く判断し、システム2を活用し（スローに考え）、数は少なくとも、より良い選択を目指すことである。

直接的に言えば、これは過剰な回転率を避け、〝次に何が起こるか〟よりも〝それにはどのような価値があるのか〟ということに基づいて投資を行うことだ」

私もブログの更新は頻繁ですが、実際の投資では常にゆっくり・じっくり・まったりと考え、売買をすることは稀です。繰り返しになりますが、**過剰な回転率は投資家としての致命傷になりやすい**んですね。

4．投資家の隠れたコスト

今回は、「第2章　愚かな人間の錯覚」から。

「アルゴリズム、ボット、スクリーニングは投資から感情を排除することになる。クオンツ投資家（クオンツ）たちがますます利用するようになっているこれらのツールは、単純な仕事をめちゃくちゃにする、サバン症候群の人々のように機能することが多い。例えば、〝フラッシュクラッシュ〟によって、常識的な価値の推定値を大幅に下回る水準にまで、株価を一時的に下落させることになる」→このティリングハストの指摘はまさにその通りですね。最近の株式市場は、アルゴの暴走によって上にも下にも極端に走り過ぎます。私たちはそういうＡＩが巣食っている新世代のマーケットで戦っているという認識が大切ですね。

「投資家は、**行動、興奮、喜び、満足、社会的な評価、人気、社会的独占といった、普通の個人が求めるあらゆるものには隠れたコストが存在している**ことを認識していないことが多い。また、**忍耐、退屈、心配、勇気、痛み、孤独、専門ばか、また愚かだと思われることには目に見えない利益がある**のだ」

この指摘は深いですね。そういえば私は投資家として、〝自分が賢いように絶対に見せかけない。愚かで不様な本当の姿を、隠さずそのままダイレクトにブログに叩きつける〟ことを常に意識しています。そうしないと、投資家として成長できないと思うからです。

「不快かもしれないが、投資家は一時的に非難の的になっている銘柄を保有したほうがうまくいく。人気もなく、尊敬もされず、社会的にも受け入れられていない銘柄は、たいていの場合、安値で売られている」

今の日本株市場だと、不動産関連、ノンバンクを中心とした金融・地方銀行、地方スーパーあたりでしょうか。ただ私はこれらの銘柄をポートフォリオ上位に大量に組み込んでいて、不快なだけでなく実際にちょっと死にそうですが（滝汗）。

「可能な限り将来を見通そうとすべきである。勇敢かつ狡猾でなければならない。税金と手数料と取引コストを最小化しなければならない」

ティリングハストは繰り返し、ポートフォリオの回転率を下げて税金と手数料を節約することの大切さを説いてくれます。証券会社は絶対にこんなことは口が裂けても言わないですが（笑）、本当に重要なことですね。

5．「コンピタンス領域」と「広い視野」のバランスを取る

今回は「第6章　私にはシンプルな人生」から。

「私は十分に理解していない分野は避けたい。これをコンピタンス領域（自分が賢明な判断ができる分野）と呼ぶ投資家もいる。

私が言いたいのは、〝コンピタンス領域〟は特別な能力や洞察力の領域であるべきということだ。

成功する人々というのは、人生を簡略化し、最も重要な事柄や行動に集中する。序列が重要なのだ。

私のファンドはたいてい800銘柄ほどを保有している。**〝コンピタンス領域〟と〝広い視野〟とのバランスを取ろうとしているの**だ」

私も現在（2019年3月）約670銘柄を保有しています。常に広い視野を保ちながら、

たくさんの石ころをひっくり返して裏側に宝石が隠れていないかを探しています。

また自分のコンピタンス領域に関しては〝小売業〟であると考えています。実際の店舗を注意深く観察して、これから伸びそうな銘柄を発見するのが得意であると、自己分析しています。

6. だれかが懸命に推奨しているものを買ってはならない

今回は、危険な企業の見極め方に関して述べている、「第11章　悪い奴らは黒い帽子をかぶるのか」から。

「**企業が売り込みに躍起になるのは悪い知らせ**であるが、それは不正が行われている可能性が高いからということではない。**売り込みが激しいということは、たいていの場合、資金繰りが切迫していることを示唆する**のだ」

この指摘は鋭いですね。日本でも私の観察によると、どうでもいいようなニュースでも自社の成果のように過剰に強調する企業は、大体ろくでもないことが多いです。

「災難は避けられる。

経営者に前科があったり、投資家をだました過去があったり、さらには彼らが自らは法の埒外にあると考えているとしたら、私はその場で立ち止まる。**詐欺師が急に受託者の義務に目覚めることなどない**のだ。

たとえ不正が行われていなくても、企業構造が複雑だと分析が難しくなる。

だれかが懸命に推奨しているものを買ってはならない。悪い奴らの株式とその一覧を避けることで、私は壊滅的な結果となる可能性を小さくしているが、そうすることで投資機会が減るということはほとんどない」

いやあ、ティリングハスト節炸裂で気持ちいいですね（笑）。そして彼の警句はここ日本市場でもそのまま当てはまると感じています。

詐欺師的な経営者がトップにいる会社の末路は悲惨なものになることが多いですし、そういう会社はなぜか必要以上に内部を複雑な構造にしていますし、ツイッターなどで声高に連呼されている銘柄のパフォーマンスも結果として劣悪なことが多いんですね。

7. 脚注の多い企業は要注意

今回も、危険な企業の見極め方に関して述べている、「第12章　送りつけられたレンガと会計の謎」から。

「マイナスのフリーキャッシュフローと売掛金と在庫と無形資産の急増は、利益の改ざんに共通してみられる兆候である。

危険を避けるために、会計の謎を解明する必要などない。ただ、警告を見出しさえすればよい」

確かに「ヤバそうだな。何か会計的なトリックを使ってそうだな」という企業は財務3表に〝隠しきれない何らかの痕跡〟が現れることが多く、その実態ははっきりとは分からないにせよ、少なくとも危険性は事前に察知できることが多いです。

「マジシャンたちは、〝調整済みEBITDA〟のような呪文を繰り返すことで、自らの都合の良い点に注意をそらすことができることを知っている。

EBITDAは操作できないと言う者もいるが、インチキ会社のワールドコムはEBITDAと利益の双方を水増ししていた」

最近は日本でも最終利益は全然出ていないのに、〝調整済みEBITDAでは大幅プラス〟などと過度に強調する企業が出てきています。私も非常に注意しなくてはならないと気を引き締めています。

「不正会計の最も邪悪な種が簿外債務。

サーキット・シティは脚注で、40億ドルのオペレーションリースの支払いを含めた56億ドルに上る将来の支払い義務を公表していた」

「人生はあまりに短く、苦悩にかまけている暇はない。選択対象となる銘柄は何千とあるのだ。

情報開示は素晴らしいことであるが、**大量の情報を必要とする複雑な構造を持つ企業で幸運に恵まれたことはない。複雑な構造を持つ企業やあいまいな情報開示を行う企業が何かを隠そうとしている**ことは珍しくない。

脚注があまりにも多すぎる場合、投資家はその企業から離れるべきである。

脚注に多くのページが割かれており、私自身、株式を保有していないのであれば、私はその企業は何かを隠そうとしていると結論付け、その場を離れる」

悪い情報を「脚注」に押し込めて投資家を欺こうとする企業は多いですね。私も過去に主力で投資していた銘柄で、自分の実力と経験不足で脚注トリックを見抜くことができずに爆死したことがありました。それ以来、〝脚注にごにょごにょと変なことが書いてある〟場合は、極力大きな投資を避けるようにしています。

8. 日本は小型株の投資家にとっては素晴らしい市場

今回は、「第16章　どれだけの債務が過大なのか」から。

「たいていの場合、終局の引き金を引くのは過大な債務である。

企業のライフスパンに興味がある投資家にとっては、日本は学ぶべき場所である。

1700年以前に設立された企業は全世界で967社あり、そのうちの半分以上が日本にある。

日本の上場企業の半分は借り入れを上回る現金を保有しているが、これはほかの先進国では見ることのできない現象である。彼らの貸借対照表に計上されている営業権はほかの地域に比べて小さなものであるが、日本企業も独自の有名なブランドと不滅のフランチャイズを持っている」

日本企業はこの「失われた30年」で絞り上げられかつ鍛え上げられ、財務的に極めて健全なところが多くなりました。また世界各国と較べても指標的にも非常に割安なところが多くなっています。

ティリングハストはそんな日本株が好きで、「株式投資18の勝ち技」（日経ホームマガジン、2018年6月）の中のインタビューでも激賞しています。ちょっと見てみましょう。

「**日本は小型株の投資家にとっては素晴らしい市場**だ。米国よりも人口が少ないのに、米国に比肩するほど多くの小型株が上場しているからだ。

また、**他国に比べて日本は詐欺師まがいの悪質な経営者が少ない。これも私が日本の小型株を強く選好する理由の一つ**だ。

日本は特に小型株が過小評価されている」

世界最高のファンドマネジャーであるティリングハストの目から見ても、「日本の小型株は激安」ということですね。これはとても力強い言葉ですし、励みになります。

さてこれでこの本の紹介は終わりです。味わい深い文章表現が多く、何度も読み返したくなる名著ですね。未読の方は是非。

千年投資の公理

パット・ドーシー［著］、パンローリング・2008年

1. 総論

この本は原題の〝The Little Book That Builds Wealth〟が示すとおり、非常に分かりやすく簡潔に文章が紡がれているのが特徴です。そしてその内容も極めて素晴らしいので、投資初心者の方に強くお勧めしたいと思います。また私も含め**長年の投資ジャンキーにとっても改めて〝ハッとする〟ような鋭い指摘に溢れており、やはり**一**読の価値がある**と思います。ま、一言で言えば〝太鼓判間違いなしの超名著〟ということですね。

さてこの本を貫く基本的なテーマとなっているのは、経済的な堀（economic moat）〔編集部注・当該企業が持つ競争力の強さや、その業界への参入障壁のこと。堀のある企業は、競合他社から自己を守る優位性、および将来にわたって業績を伸ばし企業価値が上昇していく可能性が高

図表　堀のある企業と堀のない企業の比較

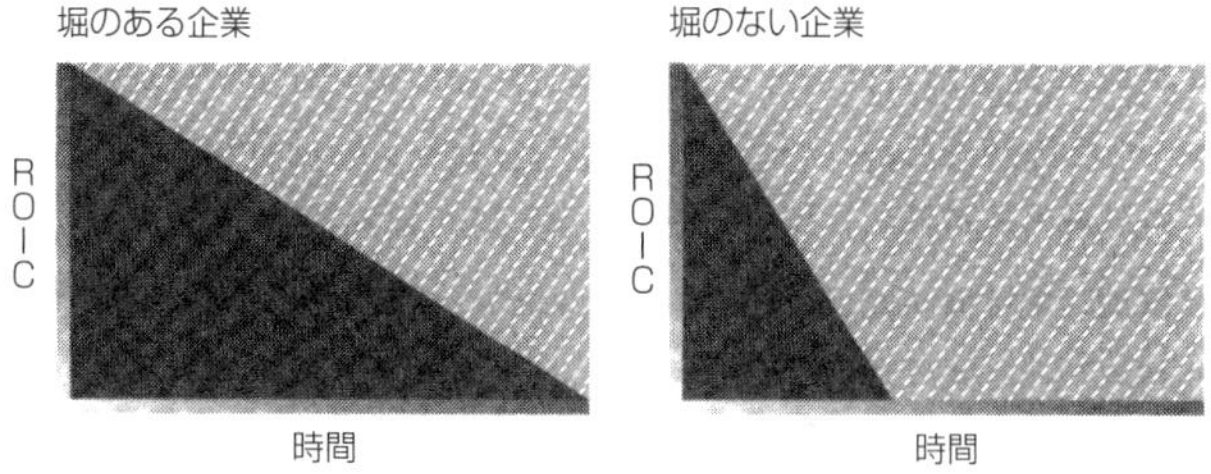

いと考えられる」という概念です。大きな堀を持つ企業が長年に渡って平均以上の利益を生み出してきたこと、堀のない企業の多くがいずれ株主に価値をもたらさなくなることを、豊富な実例を元として分かりやすく説得力を持って教えてくれます。

全体が素晴らしい出来ですが、**特に「9章　堀を探す」「10章　ビックボス」「14章　いつ売るか」が良い**と思います。

それでは次回から、この本のベストオブベストの大トロの濃厚な部分を一緒に味わって行きましょう。

2. 堀のある企業は利幅が大きく長く続く

今回はこの本の中核を成す概念である、経済的な堀（economic moat）について見ていきましょう。

著者のドーシーは、「堀のある企業は、堀のない企業より価値が高い」と述べています。

そして、**堀のある企業は〝大きな利幅の持続期間〟が長いので投資家に利益をもたらしてくれる**と述べています（図表「堀のある企業と堀のない企業の比較」参照）。

私が経済的な堀がある企業としてパッと思いつくのは、中古車オークション会場運営でダントツ首位であり長年高収益を享受し続けている4723ユー・エス・エス、住宅用白アリ防除トップでこれまた高利益率を誇る6073アサンテなどです。もちろん両社とも私のポートフォリオ上位にちゃっかりと鎮座させてもいます（笑）。

さてそれでは本文を再び見ていきましょう。

「業種に関係なく競争上の優位性を持った企業の専門家になることで、膨大な数の投資先候補を自分で理解できる質の高い企業で詰まった小さな業界に限定することができる」。実に良い指摘ですね。

「大泥棒のウイリー・サットンは銀行を襲う理由を聞かれて、〝そこにお金があるからだ〟と答えた。投資家もぜひこの言葉を覚えておいてほしい。つまり、一部の業界はほかよりも構造的に利益率が高く、そういうところにこそ堀はある。長期資金は、そのようなところに投入すべきだ」。素晴らしい。小中学校で全員に教えたいくらいの（笑）金言ですね。

3．ビッグボス

「経済的な堀に、思ったほど経営陣の影響はない」というドーシーの指摘は一聴に値すると思います。これに関する彼の金言を今回は少し味わって見ましょう。

「堀が築けるかどうかに関して、10回中9回は経営陣の判断よりも業界の競争力学の影響が大きい。

世界最高のエンジニアでも、10階建ての砂の城は建てられないように、まともな素材がなければどうにもならない。

たとえ口紅を塗っても豚は豚。

優れた経営者を探すことが前向きの努力とは思えない」

いかがでしょう？　考えてみるといわゆる〝カリスマ経営者〟に率いられ、飛ぶ鳥を落とす勢いだった急成長企業が、惨めに失速してしまうことはよくあります。これも**カリスマ経営者というものに、元々それほど大きな影響力がないから**である、と考えると実に納得がいくのではないでしょうか？　投資家として〝持って置いて損はない視点〟なのではないかと考えています。

4. 優待族最大の弱点

今回はドーシーが言う、「**こういう企業に投資をしてはいけない**」という**悪い例**を見ておきます。これがまた驚くほど自分には**耳が痛い**んですね（滝汗）。

「ここまでで小売店やレストラン、など、消費者志向の企業の名前が出てこなかったことに気づかれただろうか。これは**乗り換えコストの低さがこれらの企業の弱点**になっているからだ。**小売店やレストランは堀を作るのが非常に難しく**なっている」

くおー、このドーシーの指摘は厳しいです。なぜなら優待族である私のPFには優待制度との親和性が高い小売業やレストラン銘柄が宿命的に非常に多い訳で、その中から良い銘柄を発掘することになるので当然の帰結として主力株にも小売業やレストランがぎっしりと並んでいるからです。3097物語コーポレーション、7605フジ・コーポレーション、3385薬王堂、9831ヤマダ電機、8119三栄コーポレーション、3091ブロンコビリー、3395サンマルクホールディングスなどなどですね（2016年6月現在）。

もちろん私も有望な選択肢の中から少しでも〝堀〟の深い銘柄を選び抜くようにはしているのですが、これらの銘柄群は「**全体的に堀が浅くて弱い傾向にある**」ことは厳然とした事実です。そしてこれが**私が専門としている優待バリュー株投資の数少ない弱点の一つ**なのですが、ドーシーは期せずして見事にそれを射抜いて指摘してくれているんですね。今初めてはっきりと告白しますが、この本を初めて読んだ時には、「我々優待族がどうしても知られたくない、隠しておきたい秘密の弱点を指摘している」ことに気付いて戦慄し、全身から滝のような汗が流れ落ちました。

「成長によって堀が侵食されることもある。

企業が堀のない分野への成長を進めることで、自らの手で優位性を損なうケースが多い」

最近だと4298プロトコーポレーションが当てはまるかな？　と思います。手の中の火の玉をただただ大切に戦えばそれでいいのにな、と感じる企業は実に多くありますね。

「成長は必ずしも良いことではない」

本当にその通りですね。

「モーニングスターでは13社の自動車部品メーカーを観察しているが、堀がある企業は2社しかない」

ドキッ。何を隠そう私も、７２６４ムロコーポレーション、５１８５フコクという2つの自動車部品関連銘柄をPF上位に据えています。自分としては数ある自動車部品銘柄の中から相対的に良い銘柄を選び抜いたつもりなのですが、他業種と比較して相対的に堀が浅い傾向にあるのはこれまた厳然たる事実ですね。

以上をまとめると、この本は、**「株式投資の肝の中の肝」を冷徹に捉えた鮮烈な一冊**です。本当に凄い本ですね。

さてこれでこの本の紹介は終わりです。もっともっともっと書きたいことはあるのですが、私はそろそろ次の本の紹介に向かわなくてはなりません。初心者の方から私のような〝離脱不能の重度の株式投資ジャンキー〟まで、皆が楽しく分かりやすく読める真の名著ですので、未読の方は是非。

勘違いエリートが真のバリュー投資家になるまでの物語

ガイ・スピア［著］、パンローリング・2015年

1．総論

この本は、自らの高い学歴を鼻にかけ、生意気で自己中心的な性格を持つスピアが、注意欠陥障害などのハンディキャップをも乗り越えて、バリュー投資家として成長していくという〝魂の救済〟の物語です。

そのためこの本は、読み物としてもなかなか面白い仕上がりとなっています。

が、常に膨大な株式投資本の読書や精細で緻密な銘柄分析に忙殺されて時間が圧倒的に慢性的に足りない、全国７９８０人（みきまる推定）の〝ジャンキー系のバリュー投資家〟の方々に愛を込めて、この本をこれまでに3回読み直した私がズバリ申し上げますと、「投資に役立つか？」という観点では、前半の１～７章は全く大したことはありません。そして後半の８～

13章は逆に非常に良い内容となっています。そしてその中でも10章と12章がとくに良い、もっと言うと10章が突出して素晴らしいと思います。

つまり、**時間のない方は10章を読むだけでも良い**ということなんですね。

それでは、次回からはこの最高の10章の内容にポイントを絞って、その非常に独特なスピア節を堪能して行きましょう。

2. 株価を頻繁に見ないこと

この第10章では、投資に役立つ8つのルールが紹介されています。

今回から数回に分けて、その中の〝ベストオブベスト〟の大トロの部分だけを一緒に見ていきましょう。

スピアは**株価を頻繁に見ないことの有用性**を強調しています。ツイッター全盛時代で常に目くるめく情報の渦の中に身を置き、かつそれを当然のことと認識している我々には実に〝古典的で逆に非常に新鮮〟なアドバイスですね。以下本文からの引用です。

「あまり頻繁に株価をチェックしていると、行動を誘う声に抵抗するだけで脳のエネルギーを浪費し、限られた意思の力を使い果たしてしまう。

精神力が乏しい資源だということを考えれば、もっと建設的なことに使うほうがよい。投資家は利益を得た喜びと比べて、同等の損失には2倍の痛みを感じる。

なので、**自分が保有する銘柄が下げたのを見たときに起こる感情の嵐から脳を守らなければならない**。

短期的な下落によって脳にあらゆる間違ったシグナルが送られ、マイナス感情を引き起こすかもしれない状況に自分をおく必要はない」

どうでしょう。「あぁ、これは確かに」と思われる投資家の方もいらっしゃるのではないでしょうか？　私は実際に「全くツイッターも見ないし、ブログ巡りもしない、精神的に完全にオフ」の日というのを意図的に作っているのですが、頭がリフレッシュし心が隅々まで洗われる〝効果〟を実感しています。

3．人に薦められたものは買わない

スピアは「人に勧められたものは買わないことが大切である」と強調しています。私もこれは非常に大切な視点であると思い、いつも心に留め置いています。以下本文から引用します。

「自分の利益のために私に買わせようとする人たちから離れておくほうが得ることは大きい。これは〝**逆淘汰**〟**の簡単な応用例**と言ってよい。チャーリー・マンガーが言った『知りたいのは自分がどこで死ぬのかということだけだ。それが分かれば、そこへは決して行かないから』というジョークにも通じる」

「私も、**売り込みにあった投資は、必ず避ける**ことにしている。

売り手の個人的な思惑から発したアイデアは出所が間違っているため、私にとっては立ち入り禁止区域なのである。

これについてバフェットは私よりもずっと前から知っていた。例えば、彼には有価証券の入札にはけっして参加しないというルールがある。私もこれに倣って、これまで1回もＩＰＯ（新規株式公開）には投資したことがないし、これからもしない。

出所が有害なので、たまの勝ち組を逃すことになったとしても、買い物リストにはＩＰＯを載せないほうが安全なのである」

どうでしょう？　皆さまも有名で声の大きな投資家がツイッターやブログで力瘤を入れて連呼している銘柄をついフラフラと買ってしまったことがあるのではないでしょうか？　最近だとバイオ関連銘柄に顕著でしたね。

でも彼はどうしてそんなにまで力んで語らなくてはならなかったのでしょう。そして、その追随投資は果たしてトータルでマーケット平均を超えるパフォーマンスとなったのでしょうか？

4．投資の調査は正しい順番で行う

スピアは、経営陣とは話をしないことが大切である、と述べています。

「異端的な考えに聞こえるかもしれないが、私の経験では、経営陣と親しくすることは投資リターンの弊害になることが多い。

問題は、経営幹部、特にＣＥＯ（最高経営責任者）には高い営業力を持った人が多いからだ。業績がどうであれ、彼らには会社の将来について聞き手を楽観的な気分にさせる才能がある。しかし、この**おしゃべりの天才が信頼できる情報源になる**とは限らない」

私は主力クラスで投資をする場合にはその銘柄についてネット上で集められる情報はすべて集めます。そしてその中にはもちろん会社側の動画説明会も含まれます。これらは非常に貴重で大切な情報源ではあるのですが、それが〝カリスマ社長〟によるものだと、その圧倒的なプレゼンテーション能力に魅了されてしまい、会社の問題点に気付くことができなくなって逆に有害となることもあります。具体的には申しませんが、私もそれで大変高額な授業料を払ったことが過去に複数回あります（大汗）。

またこれに関連して、スピアは「投資の調査は正しい順番で行うことが大切」であると述べています。つまり、「**バイアスが最も小さくて客観性が最も高い資料、具体的には、その会社の公的な届出書類（年次報告書、四半期報告書など）から調査を始める**べき」だと言っています。

私もこれは非常に大切なことだと思っています。そして、**会社側がＩＲ用として用意した「決算説明会資料」には特に注意する**ようにしています。**文章表現やグラフなどの印象操作によって会社の実態が歪められてしまっていることがあるから**です。

「正しくバリュー投資家であろうとする」ことには多くの落とし穴もあるのが、この情報過多のネット社会の一面でもあるんですね。

5. 現在の投資について語らないほうが良い

スピアは、「現在の投資について語らない方が良い」と述べています。個人的にはこの本の中でここが一番感銘を受けた部分でした。以下、本文から一部改編を含めて引用します。

「私は何年もかかって、**自分が保有する株について公共の場で話すべきではない**ということに気づいた。

理由は、ほかの投資家に最高のアイデアを盗まれるからではない。

本当に問題なのは、**自分が混乱するから**である。

公共の場で一回でも発言してしまうと、そのことと自分を切り離しておくのが心理的に難しくなる。

状況が変わったときに自由に売るためには、発言しない方がよい。

簡単に避けることができるのに、わざわざ頭痛の種をまく必要はない。

私の投資家への手紙では、現在の保有銘柄について書く代わりに、すでに売却した株について、詳しく事後報告をすることにしている。

この方法に変えて、私の心理的な負担は明らかに減った。

ほとんどの個人投資家にとっても、現在の投資先についての話は合理的な行動を難しくするだけなので、**語らないメリットはある**と思う。

みんなの評価を心配しなくてよいのは非常に気が楽だ」

素晴らしい。本当にその通りだと思いますね。私もこの「**語らないことのメリット**」を以前から薄々と感じてはいたのですが、このスピアの本を読んでようやくそれを明白に意識するようになりました。そして自分のブログでも〝現在のリアルタイムの売買内容については基本的に書かない〟ように方針を変更しました。そのことによって投資判断の自由度が明らかに増しましたし、また以前よりも精神的に楽に気軽にブログを更新できるようにもなりました。

さてこれでこの本の紹介は終わりです。２０１５年発売の本ですが、非常に率直に書かれていること、また他の本にはない、深くて鋭くて新しい洞察に溢れていることから、名著と言ってよいと思います。未読の方は是非。

ハーバード流ケースメソッドで学ぶ
バリュー投資

エドガー・ヴァヘンハイム三世［著］、パンローリング・2017年

1. 総論

ヴァヘンハイムはグレアムやバフェットに連なる手堅い正統派のバリュー投資家です。そして本書を読めばすぐに分かりますが、彼は〝本物〟です。

１９８７年に自身が創立した投資顧問会社であるグリーンヘイブンは、**過去25年間に現物投資だけで平均年利19％という驚異のリターン**を上げてきました。

そして監修者の長尾慎太郎氏はその大きな理由として、彼の会社が実質的にはファミリーオフィスであることを挙げています。

「一般に、能力のある人間や組織が運用に失敗する理由のほとんどは投資戦略の稚拙さではなく、だれかの非合理な干渉が原因である。ファミリーオフィスの場合は、ボスは１人だけであ

るから、資産運用の形態として2番目に理想的である。その意味では、**個人投資家のように意思決定と行動の一貫性を保つことができ、邪魔をする人間がいない場合は極めて有利**な立場にあると言える」

これはその通りですね。実際私が尊敬している個人投資家の方々は数年単位で見れば「圧倒的にインデックスを凌駕する成績」を全員が叩き出しています。しかもそういう投資家の方はとてもたくさんいらっしゃいます。ところがこれがアクティブファンドになると、継続してインデックスを圧倒的に上回る成績を出すところは〝煙のように消えて〟ほとんどなくなってしまいます。そしてこの事実こそが、**個人投資家という職業が投資の世界で非常に有利な立場に立っていることの何よりの証明**になっているのではないか？　と感じています。

さて初回なので、まずは目次を見ておきましょう。

ほとんど捨てページのない珠玉の内容です。またどういった〝思考過程〟を経てその銘柄で勝負することになったのか？　についてを、第3章から第13章まで非常に丁寧にかつ具体的に語ってくれているところもとても素晴らしいと思います。

直接魚をくれるわけではありませんが、実際に魚を取ったところと取り逃ししくじったところをリアルに明け透けに見せてくれている本です。

ありそうでなかった実に率直な本ですし、一番知りたかった見たかった〝凄腕投資家の秘密の部分〟を見せてくれている本でもあります。

それでは次回からこの本のベストオブベストの部分だけを一緒に見ていくことにしましょう。

2. グロース株投資には問題がある

まずは非常に出来の良い「第1章　投資アプローチ」の中から特に印象に残った部分を見てみましょう。

「投資家の多くが、株式市場の下落を避けようと躍起になっているが、私は同意できない。株式市場は下落しても、やがては完全に回復する。

市場の下落をヘッジすることはたいていの場合は高くつき、長期的に見れば資金の無駄遣いでしかない」

私もヴァヘンハイムと全く同じように考えており、そのため常にヘッジなしの現物フルポジを17年間貫き続けています。そして確かに実際〝市場はやがて回復〟しましたし、それでここまで特に困ったこともないですね。

「私の目的は長期にわたって市場を大幅に上回る業績を上げること。

割安であること、成長していること、そして堅実であることは、われわれが忌み嫌う資本の永久喪失への防御となる。

重要なことは、われわれが予見する前向きな変化をほかの多くの投資家がいまだ見いだしていないことだ。そのためには、創造的でなければならず、また先手を打たなければならない」

「大きなリターンを獲得するためには、将来についてほかの大部分の投資家とは異なる、より正確な意見を持たなければならない。つまり、投資で成功することは、ほかの大部分の投資家よりも正確に未来を予測することだとも言えるのだ」

私もポートフォリオ最上位銘柄群では、「自分だけが、もしくは極少数の投資家だけが気付いている何か特別な秘密」がその銘柄にあるかを何度も何度も自問します。そして、その条件をクリアしたものだけがポートフォリオランキングで10位以内に入れることがほとんどですね。

「安全域を求めることで、われわれは〝グロース株〟投資家ではなく、〝バリュー株〟投資家になる。

私は**グロース株投資には問題がある**と考えている。

企業が高い成長率を永遠に維持することなどできはしない。事業とは時間とともに変化するのだ。市場も成熟する。競争も激化しよう。

劇場内で火事が発生したことが観客に明らかとなったときには、非常口から逃げ出せるのはほんのわずかな人数にすぎない。それゆえ、**多くのグロース株投資家が資本を永久喪失するこ**ととなるのだ」

私がグロース株投資を好きになれないのも、まさに企業が高い成長率を永遠に維持できることを前提とした投資法だからです。そのようなことが実際には決してあり得ないことは、10年ちょっと前のホリエモンバブルの頃に大量にいたグロース株投資家の方々のほとんどが既に淘汰されてしまっていること、そして生き残っている方も「当時とはかなり投資スタイルが異なっている場合が多い」ことが証明していると考えています。

またさらに言うと、先日紹介した〝オショーネシーの大逆張り時代の到来〟でも、**グロース株はバリュー株に勝てない**ことが明白な統計データと共に明示されていましたね。

「われわれはリスクの小さい株式を買う。

資本を大きく永久喪失すると、投資家は自信も失う。

良き投資家とは自分の決断に絶対の自信を持つ必要がある。

投資判断というのは明確ではあり得ず、**常に不確実性と未知とのなかを潜り抜けていかなければならない**からだ」

投資家というのは繊細で弱いものです。大きく負けると頭が曇ってばかになり、IQ（頭の知能指数）もEQ（心の知能指数）も下がってしまいます。私達は自分の身をしっかりと守りながら同時に勇気をもって戦わなくてはなりません。私が自分で発明した「優待バリュー株投資」に特化して戦い続けているのも、これが〝エアバッグだらけで非常に安全なやり方〟だからなんですね。

「投資判断が明確であることなどめったにない。

投資家が得られる企業のファンダメンタルズに関する情報はたいていの場合は不完全で、かつ相矛盾している。

それゆえ、投資の結果は不確かなものとならざるを得ないのだ。

投資とは、**確率論的なもの**なのだ」

私達投資家は、「パズルのピースがすべて揃った銘柄」を日々血眼で探しています。でも実際には決して見つかりません。不完全な、歪んだ世界で、少しでもパズルのピースが多い、そして光り輝く銘柄を見つけるのが我々の仕事なんですね。

3．ヴァヘンハイムもパクリュー投資

今回はヴァヘンハイムが、**独創的なアイデアを見出すことの難しさとその苦悩**について語った部分を見ていきましょう。

「私がインターステートに興味を持ったのは、ハワード・ベルコウィッツが同社の発行済み株式の12％を**取得**したことを友人に教えられたときだ。ベルコウィッツのことは以前から知っており、経験豊かな、抜け目ない投資家という印象を持っていた。

ベルコウィッツは、その投資が成功すると確信が持てない限り、自身の資金と信用をリスクにさらしてまでインターステートに投資しないであろうと考えた。それが、私がインターステートに興味を持った理由である」

はい、これは〝パクリュー投資〟のことを言っていますね（笑）。**凄腕投資家のヴァヘンハイムもやはり強力に作用するパクリュー投資手法を実際に使っている**ということです。この視点からもう1カ所彼の言葉を見てみましょう。

「２０１４年春、私は新しい投資アイデアを探すために多大な時間を費やしていた。他の資産運用会社たちが最近取得した銘柄のリストを洗い出したりしていた」

このように彼は、〝他の有力投資家の銘柄リスト〟から新しい投資アイデアを頻繁に探しています。「過去25年間に平均年利19％」という驚異のリターンを叩き出し続けてきたヴァヘンハイムほどの凄腕でさえ、パクリュー投資手法を多用しているのです。ましてや凡人たる我々市井の投資家にとって、このやり方がどれほど効果的かは言うまでもないですね（汗）。

「**良い投資アイデアなどごくごくまれ**なのだ。

われわれが分析した企業のうち、ポートフォリオの一翼をなすようになるのは、**おそらくは1％に満たない**であろう。

われわれのポートフォリオに組み込まれることのほうが、**学生がハーバード大学に入学することより難しい**のだ」

私も〝良い投資アイデア〟を求めて、日々飽きもせずポートフォリオ概況シリーズを書き倒していますが、その中で主力株候補となるのは１００の内３つか４つ、実際に主力株に昇進できるのは１つかせいぜい２つというのが実情です。それでもなお、〝**川の中の砂金**〟**を見つけるべく毎日死力を尽くしているの**です。株式投資というのは、本当に〝地味かつ厳しい〟世界なんですね。

4. バリュー投資の競争力の源泉

さて今回は非常に出来の良い、まとめの章である第14章を中心として、バリュー投資家の競争力の源泉とは何か？　を見ておきましょう。

「われわれは短期的な結果には興味がない。それゆえ、短期的な上昇の見込みが薄く、不人気ではあるが、長期的には面白い株式のユニバースをじっくり調査し、買いに入ることができるのだ。これこそが、われわれの競争力の源泉である」

これは名言です。市場の大多数の投資家は短期的な結果にしか興味がありません。そしてだからこそ、**「少し時間軸を伸ばした投資」は常に効果的**であり続けているんですね。この観点に関して、もう少しヴァヘンハイムの言葉を見てみましょう。

「長期的（最低でも2年間）に投資し、**短期的な結果を重視しない**ようにしなければならない。ほとんどのヘッジファンドや投資信託やほかの投資家の多くは、短期的に業績を上げるようプレッシャーを受けている。それゆえ、**四半期先に急騰するような投資アイデアは、競争過多**なのだ。

長期的には素晴らしい見通しがあるにもかかわらず、短期的には不確かな銘柄には競争がないのだ。だから、われわれはそこで活動しようとするのだ」

素晴らしい。私達バリュー投資家にとっての**競争力の源泉**を見事に言語化してくれていますね。そして私のポートフォリオ上位もこの「短期的には上がりそうもないが、数年単位で見ると実に魅力的」な銘柄を意識的に多く取り揃えています。

「株式市場の〝タイミングを計ろう〟としてはならない。

タイミングを計ろうとする者は、**予測が難しい将来の展開に翻弄されるばかり**なのだ。以上の理由によって、ほとんどの者がまともな打率を残せずにいる」

ヴァヘンハイムも、マーケットタイミングを計る投資をしてはいけないと強く戒めていますね。私も以前から何度も言っていますが、「自分にはマーケットタイミングが計れる」と過信することが我々**アクティブ投資家がインデックスのパフォーマンスに劣後する最大の原因**です。ちなみに、ボストンのコンサルティング会社ダルバー・ファイナンシャル・サービシズ社の2005年の報告書「投資家行動の定量分析（Quantitative Analysis of Investor Behavior）」によると、過去20年間の株式投資家の平均的なリターンはS&P500のリターンをなんと年9%も下回ります（『大逆張り時代の到来』、原題Predicting the Markets of Tomorrow、ジェームス・P・オショーネシー著、パンローリング、参照）。

私達アクティブ投資家は、**市場全体の未来を正確に予測してそこから＋αの利益を得ることは残念ながらできない**んですね。

「集中するも、分散させたポートフォリオを構築しなければならない。

最初に選んだ株式というのは、リスク・リワードが最も優れたものであり、それに続く銘柄というのはリスク・リワードが劣るものである。それゆえに、15～25銘柄で構成する集中したポートフォリオのほうが、30～35銘柄で構成するポートフォリオよりも、リスク調整済みのリターンは大幅に良いものとなる」

この15～25銘柄というのは個人的にもしっくりくる数字です。私もポートフォリオには現在（２０１７年６月）約５９０銘柄ありますが、その中で超主力として厳重にフォローしているのは上位15銘柄でその次の10銘柄を含めて大体25銘柄くらいをざっくりと主力株として戦っています。

そして最後にもう一つだけヴァヘンハイムの言葉を見ておきましょう。

「**流動性も検討事項のひとつ**である。

それらの株式の取引量はあまりに少ないので、**われわれは大量の株式を容易に売買できない**のだ。

われわれは自らの成功の犠牲者でもあるのだ。われわれの投資戦略は長年にわたり成功を収め、高いリターンをもたらしている。そして、高いリターンを獲得しているがために、われわれは相当に多額の資金を運用しているのだ。

運用資金が大きくなれば、それだけ柔軟性がなくなり、**それゆえ将来のリターンも低下してしまう**のだ。

善行が罰せられるわけだ」

この文章には、ヴァヘンハイムの苦悩がはっきりと浮き出ています。過去25年間に現物投資だけで平均年利19％という驚異のリターンを上げてきた彼のもとには当然大きな資金が集まっており、現在およそ55億ドル（約6000億円）を運用しています。そしてこれだけ巨額の資金となると投資対象は必然的に大型株に限られてしまいます。

ところが私達個人投資家の99・9％は彼の運用資金の1000分の1以下のサイズです。これは逆に言うと、ヴァヘンハイムの1000倍素早く機動力を持って戦える、どんな小型株にも首を突っ込める。つまり、彼の1000倍有利なポジションにいるということなのです。

そう考えると、**我々個人投資家が機関投資家に対して極めて大きなアドバンテージを持っていることがよく分かりますね。**株式市場では、資金力が少ないことは絶対的に有利なのです♬

さてこれでこの本の紹介は終わりです。バリュー投資家の方なら必読でしょうし、他のスタイルの投資家の方にとっても得るところの多い珠玉の一冊と思います。未読の方は是非。

実践 ディープバリュー投資

イェルン・ボス〔著〕、パンローリング・2019年

1. 総論

著者のイェルン・ボスはイギリス在住のディープバリュー投資家であり、彼のやり方はバリュー投資の創始者である、**ベンジャミン・グレアム**に近い非常にオーソドックスでクラシックなスタイルです。あまりにも古色蒼然としていて今の時代には逆に新鮮に感じるくらいですが、個人的には自分を〝正統派のバリュー投資家〟であると捉えているため、とても親近感の湧く一冊でした（笑）。

またこの本では全部で21件の詳細な投資事例が紹介されているのですが、そのほとんどすべてがネット・ネット株（みきまる注：本書では、流動資産が同社の負債の全額を上回っている企業の株式を指す）であるという筋金入りで、その迷いのなさ・潔さも素晴らしいと思いました。

さて「監修者まえがき」で長尾慎太郎氏は、「ディープバリュー投資は、本来は賢明で思慮深い個人投資家の世界である。私たち日本の投資家にとってなによりの朗報は、日本市場はネット・ネットのディープバリュー銘柄の宝庫だと著者が述べているところにある」と述べました。

本書がユニークなのは、我々個人投資家の〝秘密の花園〟（資金量が少ないという欠点を逆手に取り、時価総額が小さすぎて機関投資家が参戦しにくいディープバリュー株で自由自在に戦える楽園のこと）の実態に踏み込んでいる**稀有な一冊**であるということと、「失われた30年」が続き世界中から〝デッドマーケット〟と揶揄・嘲笑・無視されている日本株市場の極端な割安性に注目していることの2点です。

さてそれでは次回からは、ボスが語り尽すマニアックな**ディープバリュー投資の世界**を実際に見ていくことと致しましょう。

2. ディープバリュー投資は「不安遺伝子」を持つ日本人によく合う

まずは「まえがき」から。

「ディープバリューは防衛的かつ高い潜在力のある戦略であり、ワーストケースシナリオでも資金を失う可能性が低く、運気が変われば無制限に上昇する企業を選び出そうとするものである。これは洗練されていると同時にシンプルでもある。つまるところ、大衆とは距離を置き、貸借対照表（バランスシート）に語らせるのだ」

そう、ディープバリュー投資は安全域が深く、非常に〝手堅い〟やり方です。私たち日本人は「不安遺伝子」を持っていることが多く、世界一不安感を感じやすい種族であると言われています。その意味で、**一般に不人気ではありますが、実は我々にはこの〝不安感の少ない〟投資手法は非常によく合っている**と思います。

「筋金入りのこの投資手法には新しいアプローチなど不要であるし、ディープバリュー投資の機会は日々市場にあふれている」

ベンジャミン・グレアムが85年前に発明した、**ディープバリュー株投資手法**は、その有効性が複数のエビデンスレベルの高い論文によって既に証明されていると同時に、非常にシンプルなやり方でもあります。また市場参加者のほとんどは値動きの軽いモメンタム株を好むため、不人気で見捨てられたディープバリュー株というのは常に市場に存在します。今の日本市場だと、不動産関連・地方スーパー関連・陸運関連・地方銀行に多いですね。

「ディープバリュー投資の哲学は、投資家に極めてバリュエーションが低い資産を見いだす機会をもたらすものである。そのような資産のすべてが報いをもたらすわけではないが、要素（その詳細は本書に記してある）がすべて整っているならば、たいていの場合、投資家は喜ばしい驚きを味わうことになる」

ディープバリュー投資は地味でつまらないですが、〝理論的に超割安〟な銘柄への投資であるために、結構な確率でプレミアムを付けてのTOB（**公開買い付け**）やMBO（**経営陣買収**）にあり付くことができます。実際ボスがこの本で紹介している事例でもたくさんあります。なので、ディープバリュー投資というのは〝地味でちーとも儲からないように見えるんだけど、中長期で見るといつの間にかちゃんと利益が出ている〟ことが多いんですね。

3．時間がかかり過ぎるのが万年不人気の理由

今回は、「第1章　ディープバリュー投資」から。

「無視されてきた手法
ディープバリュー投資には長い歴史があり、その投資成果も驚くべきものがあるのだが、いまだ株式投資家の大多数がその原理を無視し、ほかの手法に従っている。
なぜだろうか。
ディープバリュー投資とは、簡潔に言えば、実際の価値よりも大幅に割安な価格で資産を取得することである。これには多大な忍耐力が求められる。適切な企業を見つけるには時間がかかるし、また企業が優れた結果を残すにも時間がかかる」

そう、**ディープバリュー投資の欠点は〝とにかく時間がかかる〟こと**です。2年か3年、酷い場合には5年も10年も必要になることがあります。99％の投資家はそんなに長い時間は待てないのです。

そしてだからこそ、ディープバリュー投資は万年不人気だし、同時にその手法を取り続ける稀有な投資家はその〝我慢の報酬〟として市場平均を上回るリターンを手に入れることができるんですね。

4. 資産バリュー投資は保守的で安全

今回は「第2章　ディープバリュー投資はどのように機能するのか」から。

「結果は、一般的には自然についてくる。バリュー投資にはさまざまな形のエグジットがある。ディープバリュー銘柄が（後の幾つかの章で見る通り）買収の対象となることも珍しくない。買収の対象となることがある種の安全弁をもたらすことも事実」

そう、ディープバリュー投資をしていると、頻繁にプレミアム価格でのTOBやMBOに遭遇します。そしてこれらが、〝瞬時に投資成績を押し上げてくれる〟ので、この投資手法は中長期で見ると非常に安定的に好成績を残すことができるんですね。

「利益ではなく資産である

ディープバリュー投資が利益ではなく資産に焦点を当てていることは間違いない。つまるところ、利益を予想しようとするのはかなり複雑な行為である。極めて多くの要素が継続的に作用し、容易に変調を来してしまう。期待値が高いと、ちょっとした失望でも大混乱を引き起こしかねない。

言い換えれば、利益に焦点を当てるならば、われわれはその企業をより深く理解する必要がある。幸運にも、ディープバリュー投資家は、資産に目を向けるにあたり、そのようなことは求められない」

このボスの指摘は鋭いですね。つまり**ディープバリュー投資〝資産バリュー投資は、収益バリュー投資や成長バリュー投資に較べて、〝手堅くかつシンプル〟**ということです。投資の世界ではシンプルなものほど堅牢（ロバスト）で効果が長続きするんですね。

なお、この視点に関しては、後ほど紹介する『投資される経営　売買される経営』の中で、著者の中神康議氏が印象的な図表〔編集部注・272ページ参照〕を作成しています。いつ見ても頭がスッキリと整理される、いい表ですね♬

そして私はこの中の資産バリューと収益バリューに焦点を当てて、極力「保守的で手堅い」ポートフォリオを組み上げるようにしています。ちなみに、私のポートフォリオ上位銘柄の中での資産バリュー株を列挙すると、2221岩塚製菓、3258ユニゾホールディングス、3515フジコー、5923高田機工、7485岡谷鋼機、7877永大化工、7932ニッピ、8818京阪神ビルディング、9324安田倉庫、などがあります（2019年8月現在）。

どこも保有していて面白いという銘柄ではありませんが、下値が固くて安心感は強いんですね。

5．ボスも「バリュー↓モメンタム」戦略

今回も、「第2章　ディープバリュー投資はどのように機能するのか」から。

「乗り続ける

実際に株価が上昇を始めると、私は多くのバリュー投資家とは異なる対応をする。利益の改善を根拠に株価が上昇を始めると、実のところ私はバリュー投資家であることをやめる。そのかわりに、市場の期待が今後どのようになるかに強い興味を抱くようになる。

ほかのバリュー投資家が主張するように、そのような（ディープバリューのある）銘柄の株価がそのNAV（Net Asset Value：純資産価値）に到達しだい売却するとしたら、私の利益は10％程度でしかない。しかし、再び安定的に利益が出るようになるのを待つことで、私の利益は容易に100％にも200％にもなる。それは少しも珍しいことではない。

そもそも優れたディープバリュー株を見つけるのは容易ではなく、単に市場が興味を持ち始めたからといって手放す気にはなれない」

出たー!!!　はい、これは私が提唱している、「**バリュー↓モメンタム**」**戦略**です〔編集部注・第1巻『リバモアの株式投資術』ご参照ください〕。

バリュー投資家としての視点で厳しく株の買い時を探り、実際の売却に当たってはモメンタム（勢い）がある限りは指標的に既に割高になっていても我慢して乗り続け、株価がついにそ

のモメンタムを失って下落し始めたことを確認してから静かに去る投資手法について、言っています。

利益を最大化するために、あらゆる投資家はモメンタム的な視点を持つことが大切です。そしてコテコテの古典的なディープバリュー投資家であるボスもそのやり方を使っている、ということなんですね。

6. 残飯銘柄投資法

今回からはディープバリュー投資の成功例を見ていきましょう。まずは、「第5章　アーマーグループ・インターナショナル」から。

「準備とチャンスが出合えば、良いことが起こる。

結果

株式を取得した後、さほど変化は起こらなかった。

株価は27ペンスが新たな水準となった。特段新たなニュースもなく、同社は事実上、放っておかれたのである。

２００８年3月20日、同社は決算速報を発表したが、取締役会はＧ４Ｓリミテッドによるアーマーグループに対する現金での買収提案に合意したことを合わせて発表した。

提案された条件は１株当たり80ペンスで、27ペンスで買ったわれわれにとっては１９６％の利益である」

「私は企業のNAV（Net Asset Value：純資産価値）と株価を比較することでスクリーニングをかけているが、直近の利益見通しにはさほど気を配ろうとはしない。つまり、私は多くの投資家がすでに株価に失望した後でパーティーに参加するということである」

このボスの表現は面白いですね。私は元々不人気で低PBRの銘柄が、決算で「異常に弱気な来期予想」を発表して株価がさらに暴落した後で、誰もいなくなったのを確認した上でひっそりと主力参戦するというやり方を好んでよく使います。

なぜなら、その頃にはもうその株に〝何か〟を期待している投資家が枯渇して壊滅しているために、逆説的に非常に安全な参戦タイミングとなるからです。

ほとんど、99％くらいの投資家が、企業の〝すぐ目の前の、次の四半期の、最長でも来期の利益〟だけしか見ていないために、〝ちょっとだけ数年だけ、視点を未来にずらした投資行動〟は最終的に利益に繋がることが多いんですね。

私はこの〝**多くの投資家に粗大ゴミとして認定され、見捨てられた銘柄の中から、実はまだ食べられる子を探すやり方**〟を、**残飯銘柄投資法**と名付けて、以前から愛用しています（笑）。

7.「ベロシ的な銘柄」には大きな投資チャンスがある

今回もディープバリュー投資の成功例を見ていきましょう。「第8章　ベロシ」です。

「市場は同社をほとんど見過ごしており、イギリスに本社を構えてはいても、経営は外国で行われていた。同社は当初、マレーシアで設立され、主にマレーシア人が経営をしていた。ロンドン証券取引所に上場している非イギリス企業は、往々にしてこのようにだれからも注目されず、アナリストに取り上げられることはほとんどなく、イギリスの機関投資家が株主名簿に名を連ねることも少ない。それゆえ、たとえビジネスモデルが魅力的なものであっても、そのような企業は容易にレーダーから外れてしまう。

ベロシがまさにそれである」

「外国に拠点を持ち、アナリストに取り上げられることもほとんどなく、株主名簿にイギリスの主たる機関投資家は存在せず、独りぼっちであった。まさに金融界の〝隠密行動〟の定義通りである。

結果

その判断は2010年12月9日、アズール・ホールディング2SARLがベロシのすべての普通株を現金で買収する提案を行ったことで下された。買収価格は165ペンス。前日の終値に対して61・8ペンスのプレミアムとなり、われわれは101％の利益を手にすることになった」

さてここ日本でも上記の〝ベロシ〟のような企業というのは散見されます。日本市場で上場し日本に本社を構えてはいても、実質的な経営は国外で行われ外国人が経営をしている、そういう企業です。

そしてこういう〝ベロシ的な銘柄〟は、誰からも注目されず、アナリストレポートはほとんどなく、日本の有力な機関投資家の参戦もなく、やはり〝独りぼっち〟になりがちです。そしてその結果として、株価も安値に捨て置かれることになります。**ここに我々〝日の丸ディープバリュー投資家の出番〟が隠れています。**

私は以前よりこういった「ベロシ銘柄」に積極的に主力参戦するようにしています。具体的には、フィリピンでアジア最大級&総工費3000億円超の巨大カジノリゾート「オカダ　マニラ」を経営している6425ユニバーサルエンターテインメントや、モンゴルの最大手であるハーン銀行を保有&経営し、それが売り上げと利益の大部分を占めている8699澤田ホールディングスなどです。

〝ベロシ的な銘柄〟に投資チャンスがあることは、全世界共通なのかもしれないですね。

8．日本株市場は、ディープバリュー株の宝庫

今回は、「第14章　三信電気」からです。

「本書のほかの章からは逸脱するが、三信電気は日本の上場銘柄である。ディープバリュー投資、とりわけベンジャミン・グレアムが焦点を当てるネット・ネット株はまさにあらゆる場所で等しく有効なのである。

日本市場は、ネット・ネットの手法を採る者たちにとっては、うれしい猟場であることは長

く知られている。私は、ネット・ネット株は言うまでもなく、これほど多くのバリュー株が存在する外国市場に出合ったことがない。PER（株価収益率）も適度で、英語の決算報告もあり、また妥当である。

ヨーロッパの市場のなかには、会計処理があいまいで、時代遅れなものであるところもあり、高い格付けを得ながらも多額の負債を抱えている企業があったりもする。日本ではそのようなことはない」

「日本市場にはイギリス市場に比べて多くの選択肢がある。イギリス市場で15件の投資候補を見つけることができるとしたら、日本では50件は見つけることができるであろう。

そのうえ、それらの日本株のほうが時価総額がはるかに大きく、それだけ取引も容易なのだ。しかし、見いだすのは難しくはないけれども、それら全体がイギリス株よりも優れているというわけではない。日本のネット・ネット株の多くが精彩を欠いたパフォーマンスしか示さない。それらはゾンビ株である。

日本で割安株を見いだし、取得することは容易であるが、それらの市場価値を変える現実的なキッカケがなければ、向こう何年にもわたり横ばいを続けることになりかねないのである。

日本市場は三信電気のような銘柄が数多くある」

この章でイェルン・ボスは、以下の2点を指摘しています。

1．**日本株市場が、世界的に見てもトップクラスのバリュー株の宝庫であること。**

2．ただそこから良好なパフォーマンスを発揮する銘柄を選ぶことには意外なほどの困難が伴うこと。

筋金入りのディープバリュー投資家であるボスが日本株市場の魅力に太鼓判を押してくれていることは励みになりますし、私たち**日の丸バリュー投資家には、〝日本語を母国語としている〟という非常に大きなアドバンテージもある**わけですから、なおさら一生懸命に日々戦わなくてはならないな、との思いを新たにしました。

9．利益を追いかけると、市場が反転したときに確実に損をする

最終回となる今回は、心打たれる珠玉の出来だった「エピローグ」から。

「ＮＡＶ（純資産価値）よりも安くなっている銘柄を探すことで投資候補となる株式を選択していると、多くの興味深い機会に出くわすことになる。ディープバリュー投資家であるわれわれは、大多数の株式投資家とは異なる角度からそれらの銘柄に向き合っている。

彼らとは違い、われわれは利益やＰＥＲ（株価収益率）の水準には特に興味がない。われわれにとっては、大幅なディスカウント、流動性の高い資産、シクリカルな業界、そして実績ある機敏なビジネスモデルが理想である。

ディープバリュー投資で構成されるポートフォリオは驚くほどの報いをもたらす」

「クオリティはやがて形に表れる。ほかの投資家がそれに気づくこともあろうし、他社が買収

を仕掛けてくることもあろう。

利益を追いかけると、市場が反転したときに確実に損をすることになる」

ディープバリュー投資の魅力の一つとして、元々低評価なので、会社側の来期の業績予想の数字が悪かった時にも特に誰にも期待されていなかったので株価が暴落しない、ということがあります。一方でその収益性や成長性が評価されて株価が形作られている銘柄だと、予想数字が悪いと瞬時に株価が半値になることもザラにあります。

利益を追いかけると、市場が反転したときに確実に損をすることになるという、ボスの指摘は、鋭くかつ強烈です。

そしてこの〝安全性〟や〝堅牢性〟こそが、ディープバリュー投資手法の最大の魅力なんですね。

さて、これでこの本の紹介は終わりです。バリュー投資家であれば誰でも本棚の片隅に置いておきたい傑作と思います。未読の方は是非。

チャートで見る株式市場200年の歴史

ケン・フィッシャー［著］、パンローリング・2010年

1. 総論

この本はさまざまな面白いチャートがバンと貼ってあり、それについて孤高の天才ケン・フィッシャーが独自の視点から解説し倒してくれる、という分かりやすくてご機嫌な構成となっています。

辛口で知られる監修者の長尾慎太郎氏は「まえがき」で、「ここで取り上げられているトピックは、長期投資家であれ短期トレーダーであれ、私たち投資家にとって必ず知っておかなければならない不可欠の事項ばかりではあるが、これほど分かりやすい形で必須の知識をまとめた教科書は類を見ない。

私は本書を高く評価する。

本書は、マーケットにおいて正しいものの見方と長期的かつ統計的な事実に基づいた判断力の養成の機会を提供している。

各自必ず1冊手元に置いて、折に触れ読み返してもらいたい」と激賞しました。

私も長尾氏の意見に1ミリも異論はありません。この本は本棚の片隅に置いておくと抜群に役立ちます。具体的には〝**辞書＋強力な精神安定剤**〟になります。私はよくこの本が本棚のどこにいるのかを確認し（数カ月に一度は必ず見るので位置が変わっていることも多い）そして背表紙をチラ見して、「うん、市場で何かあったらあの本を手に取ったら万事ＯＫ、大丈夫だな」と思います。そのくらい良書です。

なぜかというと、市場の過去２００年を俯瞰できる貴重なチャートがたくさん載っているので、「あぁ、マーケットというのは常に想定外の荒波に襲われ続けるところなんだな。我々投資家は市場という海で溺れたり時に浮かんだりしながら、楽しく漂流し続けるしかないんだな」ということが腹の底からよく分かるからなんですね。

それでは次回から、この最高の本のベストオブベストの最上の部分だけを一緒に見ていくことに致しましょう。

2．どの水準で戦っているかが分かるチャート

本書の最初の図表「ダウ平均のＰＥＲ」は非常に印象的です。

図表　ダウ平均のPER（1915～1986年）

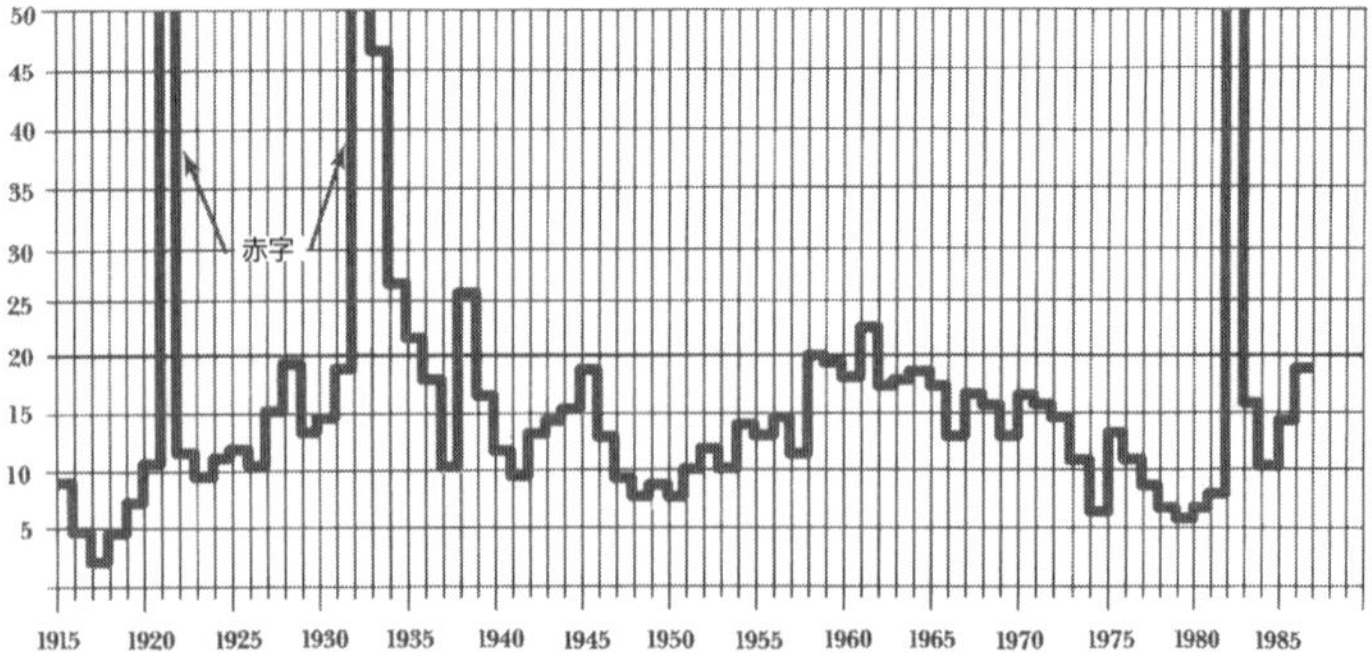

出所＝1915～1975年分はゲーリー・ウエングロウスキ、ゴールドマン・サックス＆カンパニー、1975～1986年分はダウ・ジョーンズ＆カンパニー

ＰＥＲが20倍以上でマーケットが推移していたのはほんの数回しかなく、ほとんどの期間は収益の15倍未満で推移していたことが一目で分かるんですね。

具体的には、１９１５～１９８６年のダウ平均のＰＥＲを示しています。確かにほとんどの期間がＰＥＲ15倍未満ですね。

次の図表「株価とＰＥＲ」では、１８７１～１９３６年のコールズ総合株価指数を示しています。**マーケットのＰＥＲの平均はたいてい15倍を少し下回る程度で推移している**ことが一発で分かりますね。

これらの図表を見ると、**２０１７年のＰＥＲ20倍超の米国株は歴史的に見て明白に割高圏にある**ことがはっきりと分かりますし、ＰＥＲ17倍の日本株も〝ちと高い水準〟であることもすぐに理解できます。自分達が〝過去２００年の中で見てどのような株価位置で、山の何合目で戦っているのか？〟がパッと分かる、凄いチャートなんですね。

『チャートで見る株式市場200年の歴史』

図表　株価とPER（1871～1937年）

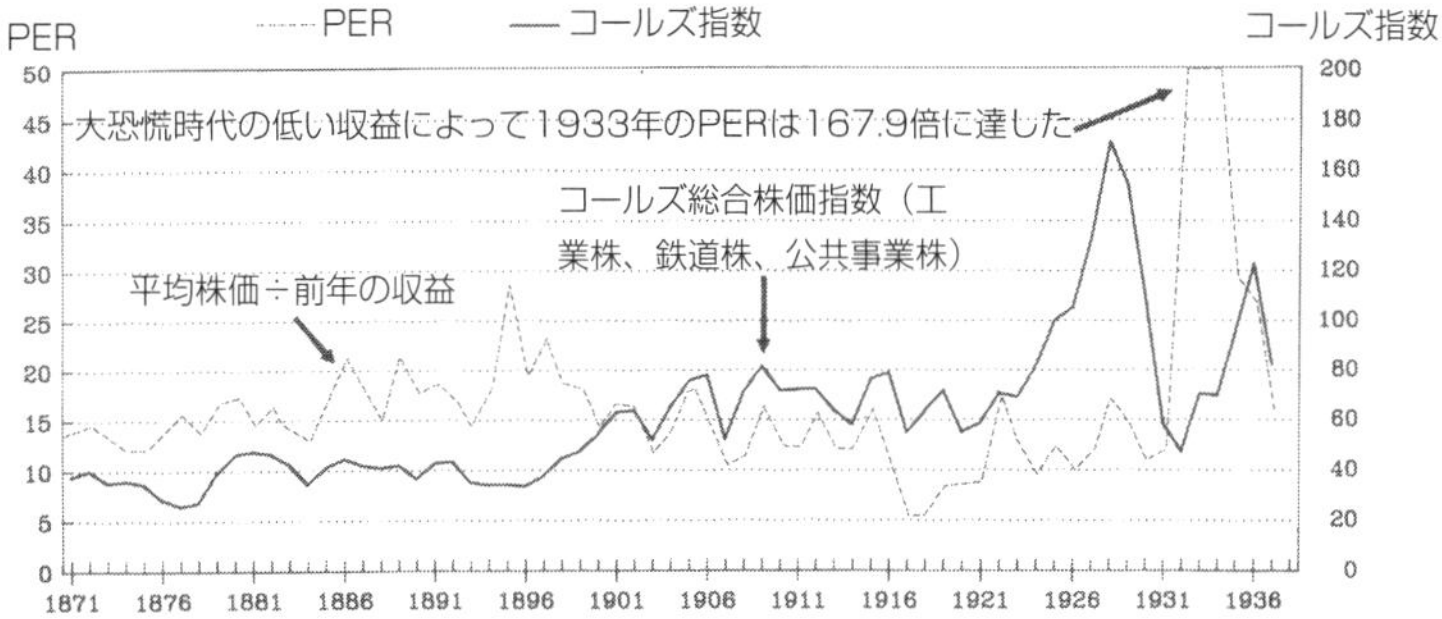

出所＝コールズ・コミッション・オール・ストック指数

3. PBR高→株のパフォーマンス悪化

今回は私が最も愛している指標であるPBR（株価純資産倍率）についてのケン・フィッシャーの見解を見ていきましょう。彼は「1934年以降、ダウ平均が簿価と同じ水準まで下げたのは1979年だけしかない。PBRが高くなると、株のパフォーマンスは悪くなる」と指摘しています。

PBRが高くなると株のパフォーマンスは悪くなる。

これは歴史が証明している明白な事実です。それにもかかわらず、現在の日本では成長力のある超高PBR銘柄ばかりを熱心に追い続けているグロース投資家の方々が実に多いんですね。

図表「マーケットのPBR」を見てください。**PBR1倍が〝マーケットの岩盤〟として作用している**ことが分かります。そして同時に、**PBR1倍割れの銘柄だけで自由自在にポートフォリオを組み上げられる今の日本株市場が**

図表　マーケットのPBR（1921～1986年）

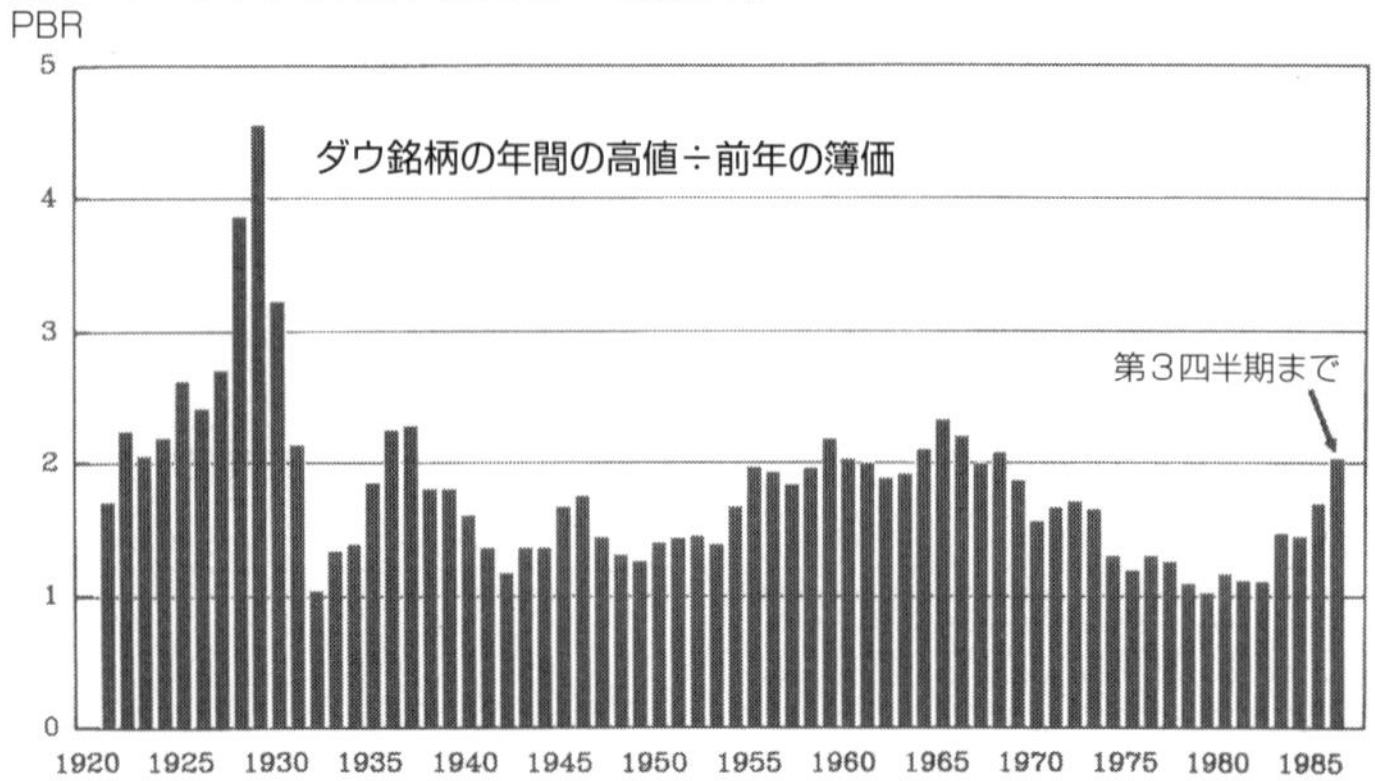

出所＝このチャートは、メリル・リンチ・ピアス・フェナー＆スミス・インコーポレーテッドの許可を得て、「インベストメント・ストラテジー・クオータリー」から引用（著作権は1986年メリルリンチ）

どれほど魅力的なところか、ということも実によく理解できますね。

4．IPO数が示す売り時・買い時

「IPO（新規公開株）が10社あれば、9社は2年以内に損失となる。

IPOは、通常すぐに値上がりし、意味のないモメンタムが生まれる。そして投資家は、大ヒットになることを夢見て興奮し、だまされる。

ただ、ほとんどがひどいパフォーマンスに終わるIPOをすべて集めて一つのグループとして見ると、マーケットが買われ過ぎか売られ過ぎかを示す効果的な指標として利用できるという凄い方法がある。

IPOの数が多い年は売り時で、少ない年は買い時になっている」

ケン・フィッシャーが喝破している通り、IPO**を避ける**のは市場で生き残るための叡智の一つです。

『チャートで見る株式市場200年の歴史』

図表　IPOの数（1969～1985年）

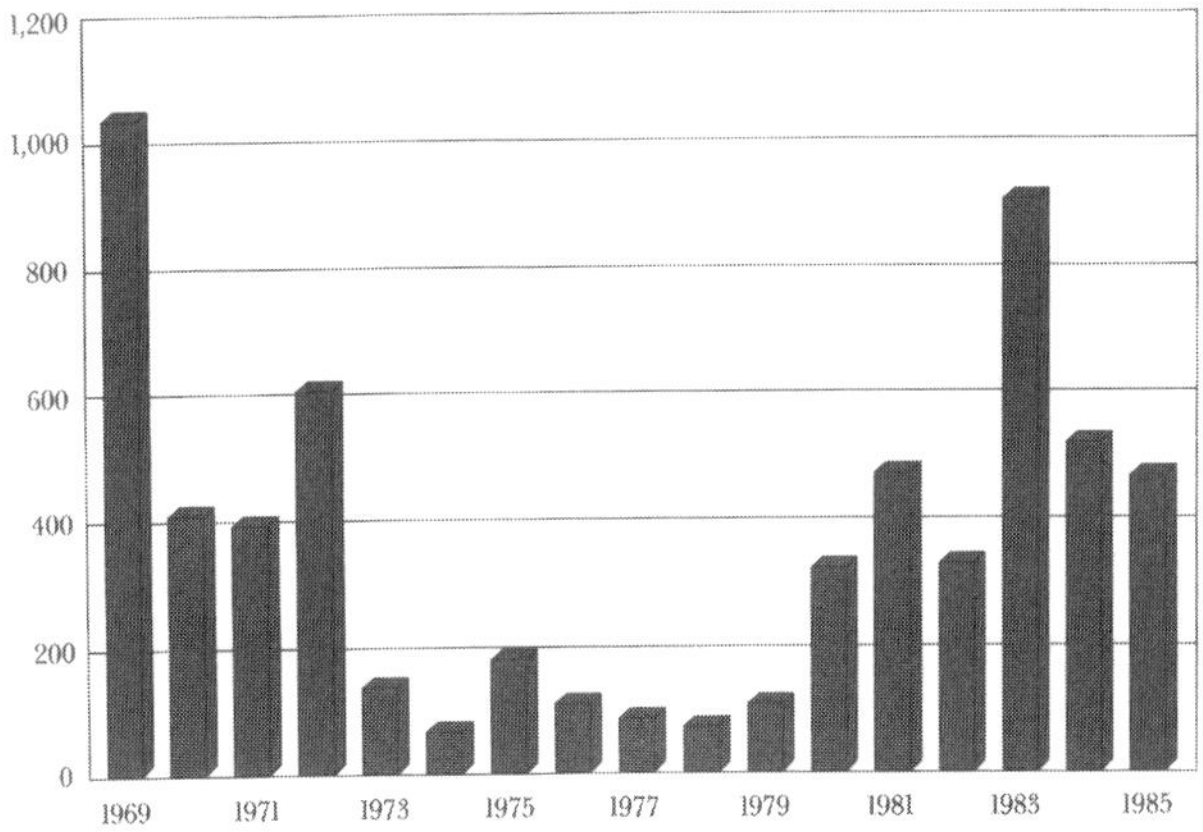

出所＝「ゴーイング・パブリック」（ＩＰＯ関連レポート）

さらに彼と同じことは、**ガイ・スピア**も**ジェイソン・ツバイク**も口を酸っぱくして述べていますね。

そして次は図表「ＩＰＯの数」です。マーケットの停滞期には見事なほどにＩＰＯ数が減っています。そしてその時こそがまさに株の買い時だったんですね。

5．ＰＥＲは誤解を招くことがある

「ＰＥＲが低いことが必ずしも株が安くなっていることを意味しているわけではない。多くのプロは信じないだろうが、この状態が１９２９年の暴落に繋がった。株価は１９２６年から２倍になり、１９１３年から見れば４倍になっていたが、ＰＥＲが下げていて問題がないように見えたため、多くの人たちが騙されて割高の株を買い続けた」

えっ？　１９２９年の有名な大恐慌の時に、「ＰＥＲが下げていて問題がないように見えた??」。

図表　PER（1928〜1929年）

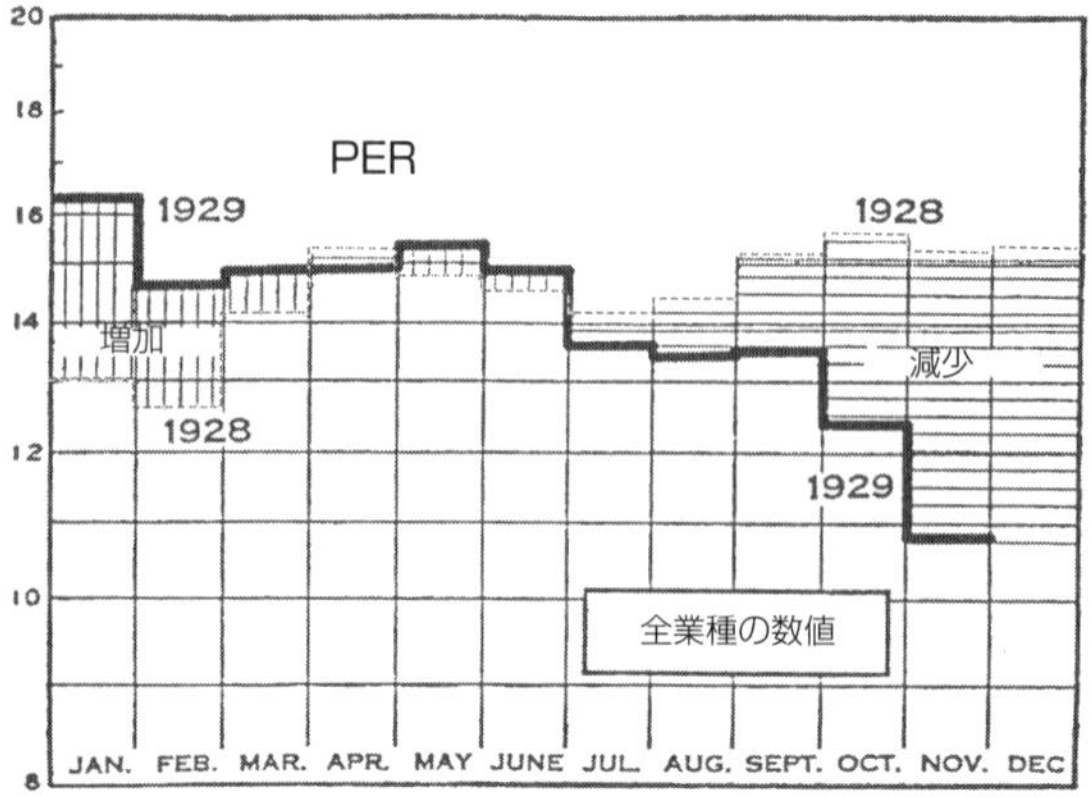

出所＝アービング・フィッシャー著『アメリカ株式恐慌と其後の発展』（同文館）

本当かなあ？　ケン・フィッシャーは〝キ○ガイとは紙一重の天才〟でたまに凄くおかしなことを言うことがあるからなあ。にわかには信じ難いですね。

それでは実際に、図表「PER（1928〜1929年）」で、29年のPERを見てみましょう。

どひゃー、本当にPERが低い!!　これはきっとその場にいたら私も逃げ切れずに騙されますね。

ここでケン・フィッシャーは、優しく語りかけてくれます。「いろんな評価基準を使ってほしい。**PERだけで株価を予想することはできないのだ**」

はい、私も深く肝に銘じておきます（滝汗）。

6．200年前と同じ狂乱の中で戦う

「NYSEができる前の時代の金融市場は激しく変動していたのだろうか？　もちろんだが、あまりはっきりとした記録は残っていない。タイミングと変動のおおよその規模を見るにはイングランド銀行（B

『チャートで見る株式市場200年の歴史』

図表　イングランド銀行の株価推移（1732〜1846年）

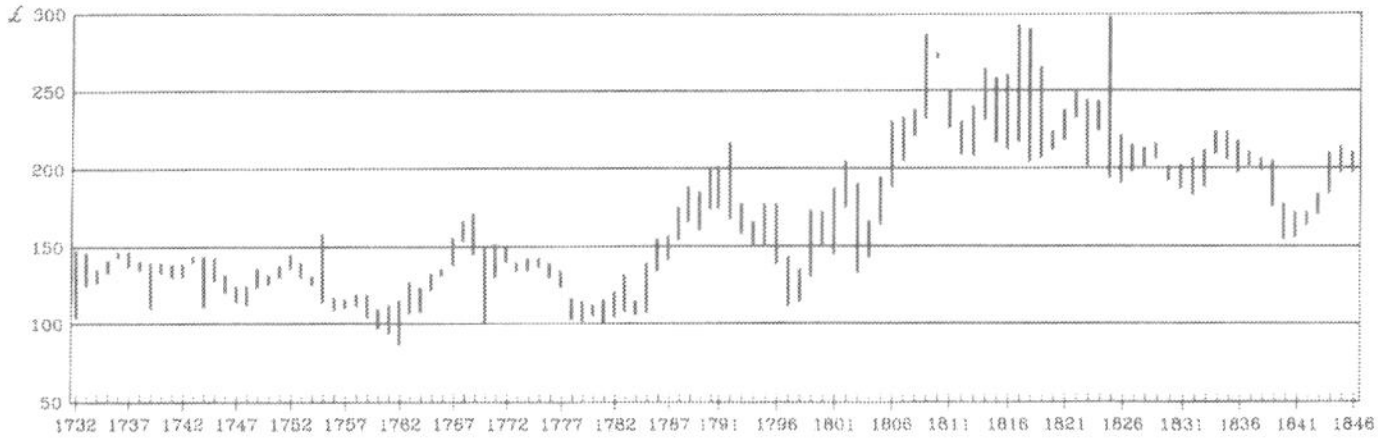

出所＝ジョセフ・H・フランシス著『ヒストリー・オブ・ザ・バンク・オブ・イングランド』（ユークリッド・パブリッシング・カンパニー、1888年）

ＯＥ）の株価が役に立つ。ＢＯＥはイギリスの中央銀行（米ＦＲＢに相当）で、〝バンク・ストック〟〝ザ・バンク〟などと呼ばれている」

ほうほうほう、それは実に興味深いですね。早速、図表「イングランド銀行の株価推移」を見てみましょう。うわあ、滅茶苦茶変動していますね。

ケン・フィッシャーは言います。「ここでのポイントは、コンピューターや金融商品など詳細については新たな展開があっても、**金融市場において重要なことはこの２００年間ほとんど変わっていない**ということ。

金融の世界に新しいことは何もなく、せいぜい年を取った顔に新しいしわが増えた程度だ」

いやあ、実に味のあるチャートですね。そして何度もじっと眺めていると、なぜか心がとても安らいで落ち着きます。

私達投資家は２００年前もそして現在も、同じ狂乱の中で戦い続けているんですね。

図表　南海泡沫事件（1719年12月～1720年10月）

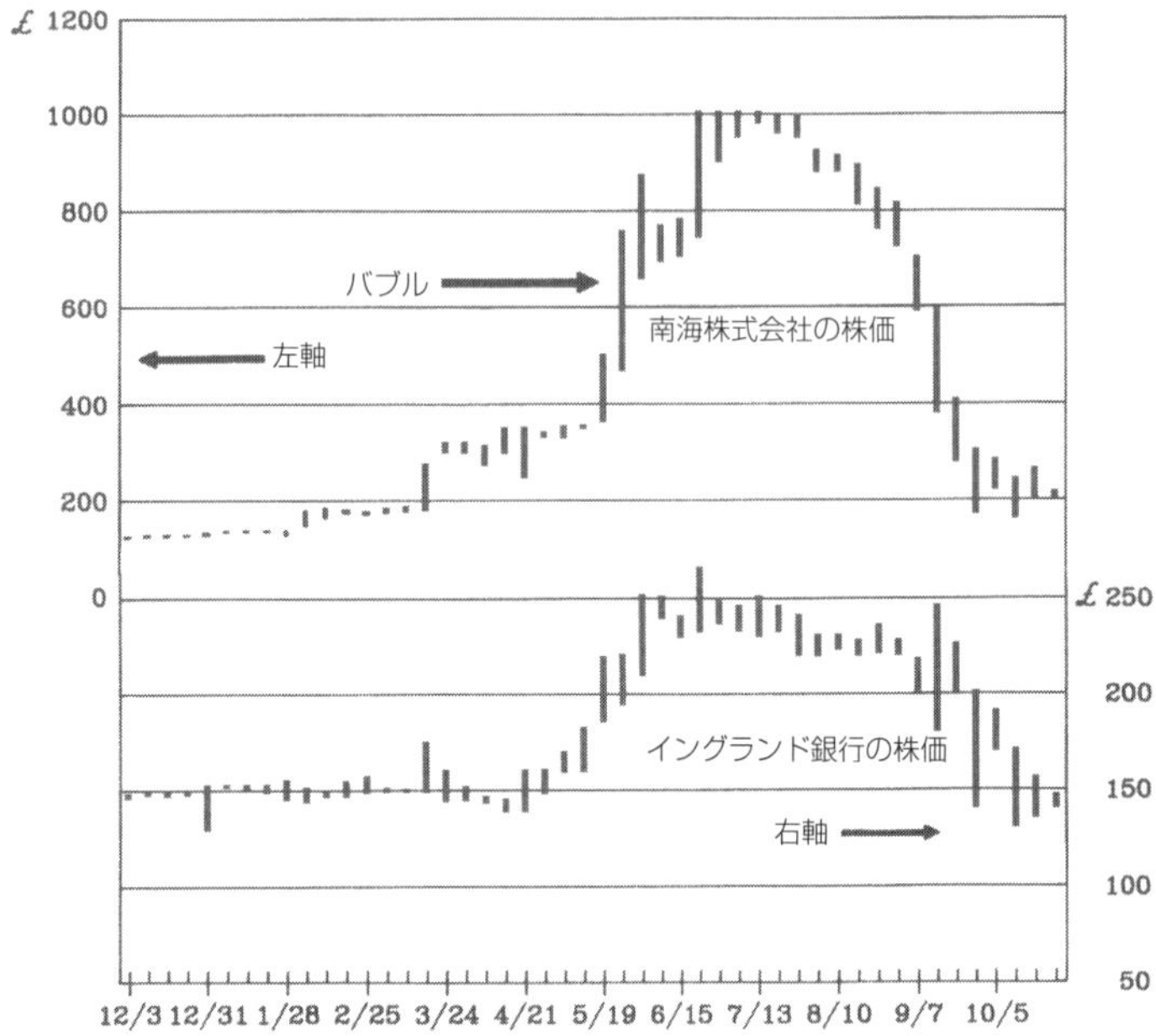

出所＝ジェームズ・E・ロジャース著『ア・ヒストリー・オブ・アグリカルチャー・アンド・プライス・イン・イングランド、1703～1793』（クラレンドン・プレス、1902年）

7. 金融の世界に新しいダンスはない

「このチャートは初めて出版されるもので、1711年に当時の大蔵大臣だったハーリー伯爵が南海株式会社（SSC）を設立し、自ら南海（主に太平洋）における貿易の独占権を供与して始まった南海泡沫事件の熱狂を日にちを追って記している」

「ここでの教訓は、みんなが新しい万能薬を信奉しているときは必ず新たに膨れ上がる熱狂を警戒しなければならないということだ。**金融の世界に新しいダンスはなく、結局どれもウォー**

ル街のワルツの変奏曲でしかない」

こういうチャートって、今でも新興市場の値動きの良いクソ株で実によく見ますね。金融の世界では何も新しいことはない、韻を踏みながら同じコード進行で協奏曲が続いていく、ということなんですね。

8．米国経済史200年が1分で分かるチャート⁉

今回紹介するのは、〝経済史が1分間で分かる魔法のカンニングペーパー〟です。具体的には、次の図表「アメリカの経済活動（1790〜1986年）」。約200年に渡る大パノラマです。景気は常に良かったり悪かったりを繰り返している、そういうものなのだ、ということが手に取るように分かりますね。

このことを視点と角度を変えてもう1点。図表「各国の景気循環傍観図（1790〜1925年）」です。世界の主要国の経済的な出来事がほぼ縦に並んでいるのですが、**1カ国で起こったことがほかの国でも起こっている**ということを意味しています。

さてこれでこの本の紹介は終わりです。

金融の世界ではほかの世界と違ってなぜか投資家の記憶というのは長続きせず、なかなか歴史から学ぶということができません。それはきっと毎日が余りにも変化に富んでいて刺激的すぎるからでしょう。

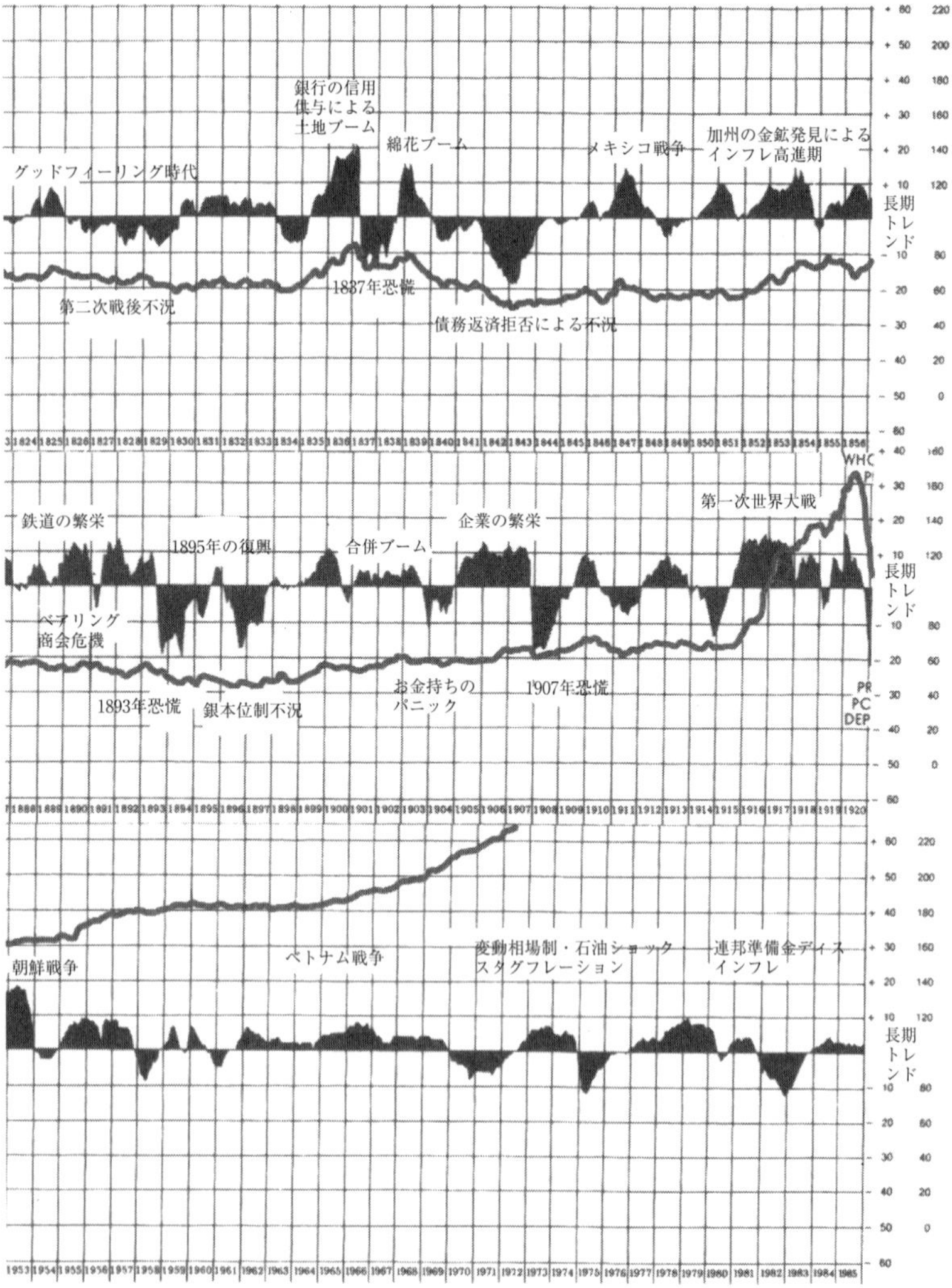
銀行の信用
供与による
土地ブーム
綿花ブーム
メキシコ戦争
加州の金鉱発見による
インフレ高進期
グッドフィーリング時代
長期
トレンド
1837年恐慌
第二次戦後不況
債務返済拒否による不況
第一次世界大戦
鉄道の繁栄
企業の繁栄
1895年の復興
合併ブーム
ベアリング
商会危機
1893年恐慌
銀本位制不況
お金持ちの
パニック
1907年恐慌
朝鮮戦争
ベトナム戦争
変動相場制・石油ショック・
スタグフレーション
連邦準備金ディス
インフレ

図表　アメリカの経済活動（1790〜1986年）

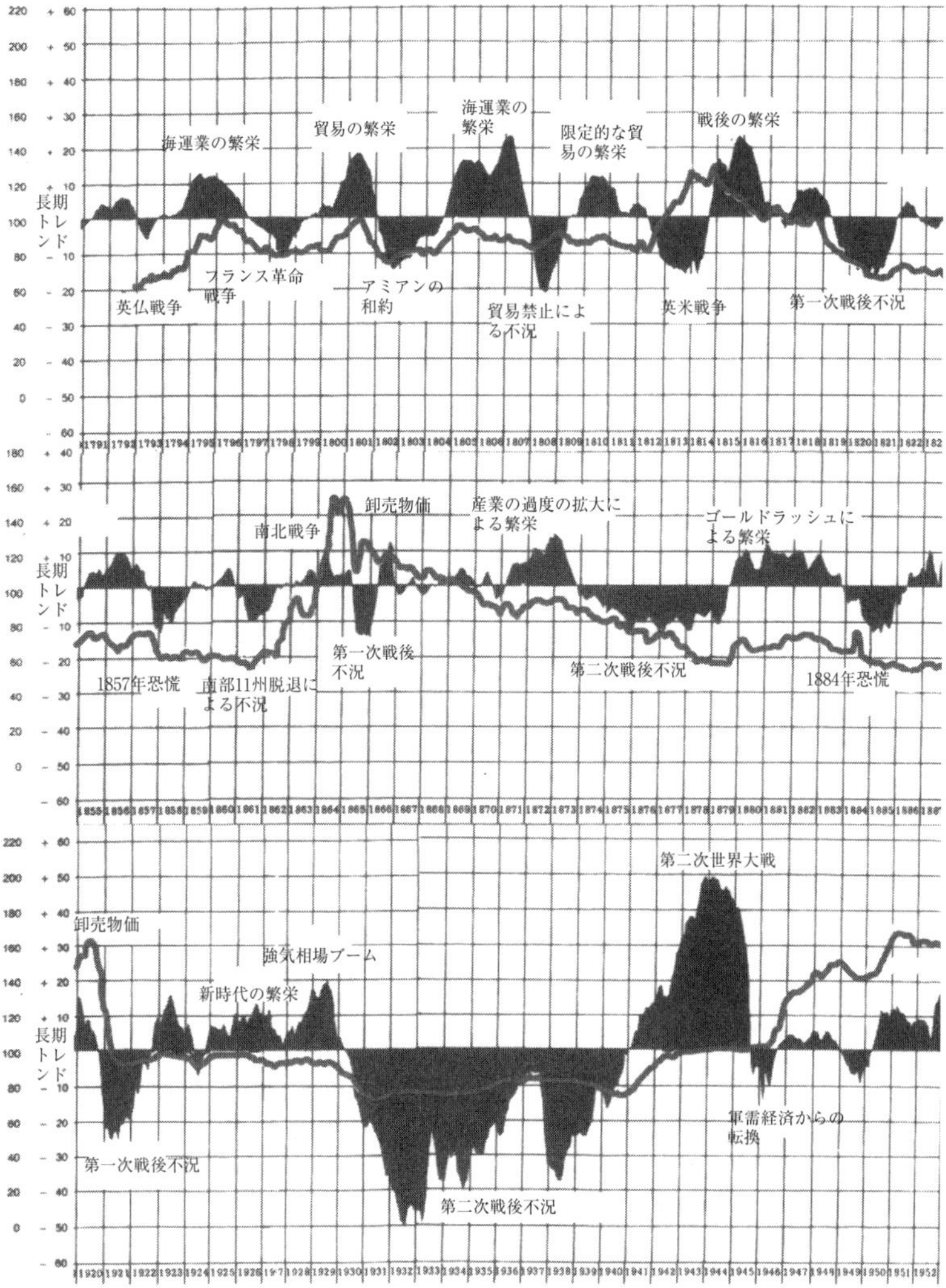

出所＝アメリトラスト・コーポレーション、1986年1月

図表　各国の景気循環傍観図（1790～1925年）

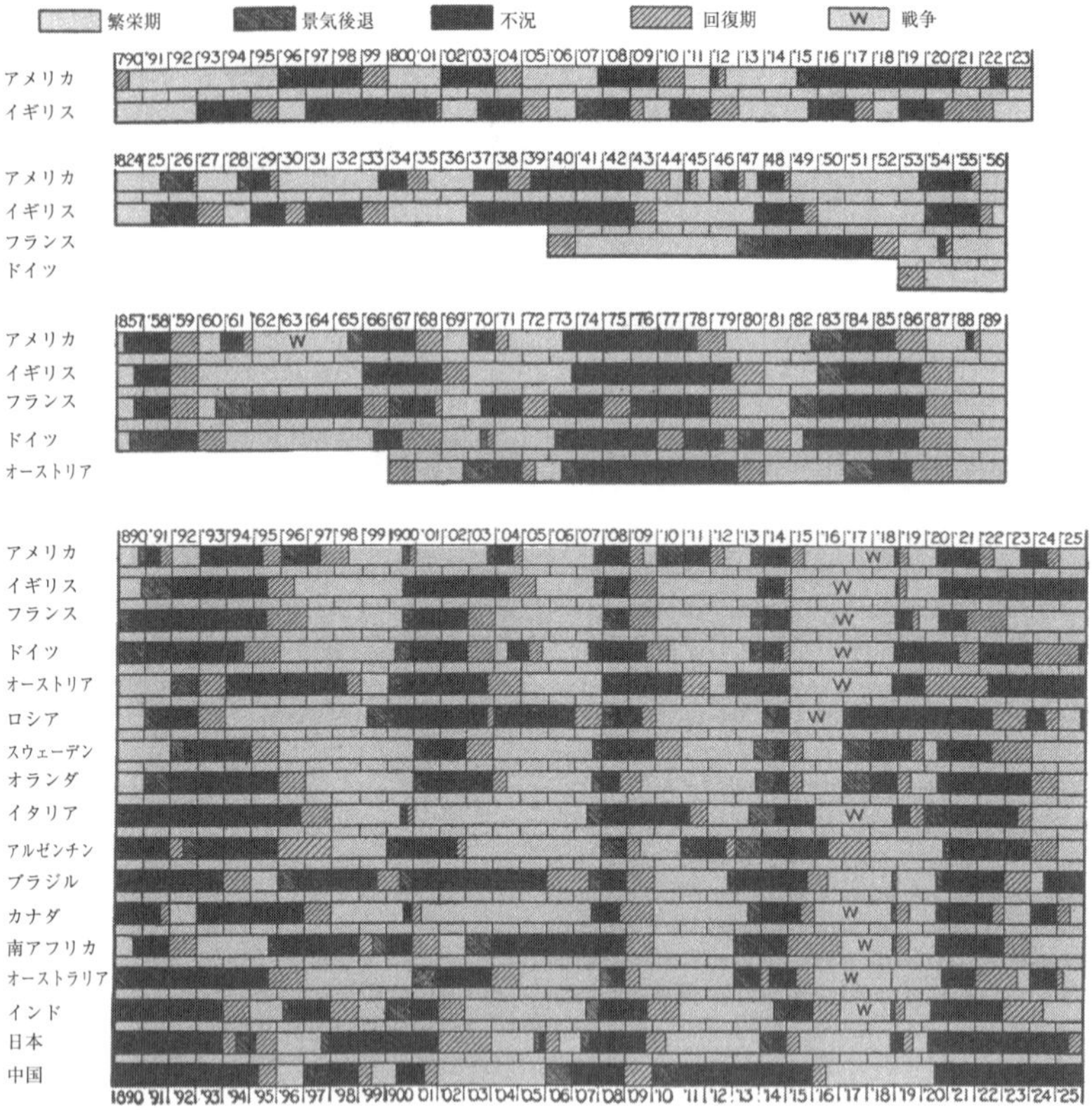

出所＝ウエズリー・C・ミッチェル著『景気循環、問題とその設定』（文雅堂書店）

でも、だからこそ、金融200年の歴史をさまざまな角度から俯瞰できるこの本が本棚にあることの効用は計り知れないほどに大きいんです。一冊手元にあれば、いつの日か〝本棚の守護神〟として、抜群の効力を発揮しますよ。皆さまも是非。

〔編集部注〕現在は電子書籍版で販売中です。

アノマリー投資

ジェフリー・A・ハーシュ［著］、パンローリング・2013年

1．総論

この本は、「ストックトレイダーズ・アルマナック」編集長のジェフリー・A・ハーシュによる〝The Little Book of Stock Market Cycle〟の邦訳です。これはアメリカ株市場の季節性やさまざまなアノマリー（経験則）を簡潔に記載したもので、原題通り〝**株式市場のサイクルを説明する**〟秀作です。

この本が凄いのは以下の2点です。

1．似た本がほとんど存在せず、オリジナリティが際立っている。

2．小学生でも読めるくらいに内容が分かりやすくて簡単なのに、同時に非常に実践的で明日からの投資に直接ダイレクトに役に立つ。

率直に言って、この本を読んでいるかいないかで、長い目で見ると投資成績には有意な差がつくだろうと思います。そのくらい凄い本です。

それでは次回からは、この〝類書なき傑作〟の世界を一緒に見ていくこととしましょう。

2．株式市場に現れるサイクルは、科学であると同時に芸術でもある

まずは出来の良い「はじめに」から。

「19世紀の哲学者ジョージ・サンタナーヤはかつて、〝過去を思い出せない人は、同じことを繰り返してしまう〟と言った。

歴史的な視点に立って市場の分析や研究をすれば、現代の市場の動きやイベントも歴史的文脈で見ることができる。短期トレーダーであれ長期投資家であれ、年月や季節に現れるパターンや傾向を知っておくと役に立つ。

本書は、ストック・トレーダーズ・アルマナックが50年近くにわたって、苦心して綿密に調べ上げてきた指標やパターンや季節性のうち、最も有効なものをまとめたものである。市場の歴史を学ぶ人は、きっとそれから利益を得るはずだ！

トレードや投資で成功するためには、市場が通常どのように振る舞うのかを理解しておかなければならない。

市場が毎回同じ反応を見せることはけっしてない。だが、過去にどういう動きをしたかを知

っておけば、将来に危機が起きたときに、エッジ（優位性）が得られるだろう」
「しかし、パターンや傾向は移り変わるものなので、これは精密化学とは異なる。
株式市場に現れるサイクルは厳密なものではなく、科学であると同時に芸術でもあるということを、常に忘れないようにしよう。大衆に向かうことだ。
歴史を案内役に使おう！」

いやあ、いきなりいいですね。名著の匂いがプンプンします。そして私も以前から何度も指摘していますが、**株式投資は科学であると同時に芸術でもある**んですね。

さて本書をむさぼり読んでみたら実際に傑作だったわけですが、私が読後すぐに思ったのは、通販サイトで1万円以上のプレミア価格で取引されることも珍しくない（先ほど紹介した）傑作『チャートで見る株式市場200年の歴史』にどこか似た一冊だなあ、ということでした。

200年以上に及ぶ株式市場の歴史の中には、学ぶべき教訓・私たちのこれからの未来の投資に役立つ知識がたくさんあります。ただそれらを分かりやすい形で、かみ砕いて、使いやすくして教えてくれる本というのは実はほとんどありません。

なぜかというと、歴史から教訓を取り出してそれを精製するには、何よりも筆者が市場の歴史に精通すると同時に株式市場で豊富な実経験を積んでいなくてはならないからです。そういう〝極上の雲〟のような投資家はなかなか存在しないし、もしいたとしても親切に本を書いてくれることなど滅多にありません。なぜなら自分の知識と経験を使って黙って静かに市場で戦った方が遥かに、桁違いにお金が儲かるからです（笑）。

その意味で、このジェフリー・A・ハーシュの著作はまさに〝得難い貴重な一冊〟であると思います。そして、私の〝株式投資本愛好家としての20年の歴史と経験〟からは、この本もいずれ通販サイトで高額プレミアが付くことになりそうな気がしています。でも貴方がこの記事を読んだまさに今なら、まだ定価で買えます。なので、積読でもいいので、買っておいた方がいい気がしますね（笑）。

3．バリュエーションとサイクルを意識することが大切

今回は、アメリカ株式市場の歴史について淡々と語る「第3章　活況と低迷の1世紀」から。

「1932年7月8日に付けた安値までに、ダウ平均は価値の89・2％を失い、1929年の高値である381・17ドルの水準を超えたのは、25年以上もあとの1954年11月のことだった。ダウ平均は1973年1月11日にベトナム戦争中の高値1051・70ドルを付けた。この高値はその後の10年間、抜かれなかった」

最近の10年間の米国株式市場の好調・活況を受けて、「世界一の覇権国家で人口動態も優れ、長期的に見て確実に成長し続けている右肩上がりの市場なので、投資はアメリカ株だけでOK。オワコンの日本株は溝に捨ててオールOK」と断言する米国株ブロガーやファイナンシャルプランナーが散見されますが、実際には過去に上記のような〝長く続く低迷期〟も経験しています。

もしも1929年のすっ高値でアメリカ株を全財産はたいて買い込んでいたら、人生のライフサイクルから考えてその投資家の成績は目も当てられないような悲惨なものになったことでしょう。そしていまだ記憶に新しい所では、1989年のすっ高値で日本株を全財産はたいて買い込んだ投資家にも悲惨な結果が待っていました。**株式投資ではバリュエーションとサイクルを意識することが大切**ということですね。

4．大統領選挙の周期が相場に与える影響

さて今回はとても良い出来である「第5章　政治がポートフォリオに影響を与えるとき」から。「ウォール街で起きることはワシントンで起きることと密接不可分に関連している。ストック・トレーダーズ・アルマナックは50年間にわたって、4年ごとの大統領選挙と株式相場の周期の重要性について説明し、立証してきた。4年周期は私たちの指標の『定番』だ。

大統領選挙は景気と株式市場に重大な影響を及ぼす。戦争、不況、弱気相場は大統領の任期の前半に起きるか始まり、繁栄の時期と強気相場は後半に起きる傾向がある。最大の上昇は、就任後2年間の弱気相場のあとの3年目に現れやすい。

再選を勝ち取るために、大統領たちは痛みを伴う取り組みのほとんどを任期の前半に行う。そして、後半になると景気刺激策を打って、有権者が投票所に出かけるときに最も好景気になるようにしがちである」

図表　大統領選挙の4年周期で見られるダウ平均の年上昇率（1933～2011年）

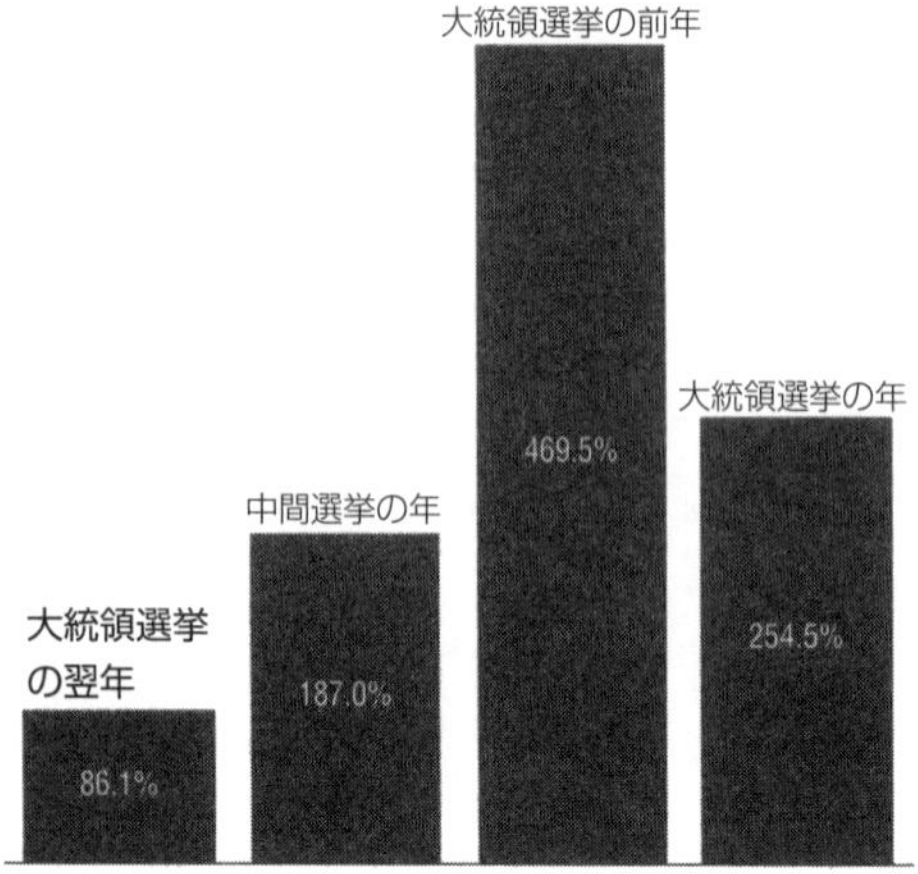

　年末終値に基づく。1886年以前はコウルズなどの指数に基づく。
　複数業種12銘柄、鉄道株10銘柄、工業株2銘柄：1886～89年。
　複数業種20銘柄、鉄道株18銘柄、工業株2銘柄：1890～96年。
　鉄道株平均：1897年（1896年5月26日に発表された最初の工業平均）。

確かに大統領選挙の前年＝就任3年目の株価の上昇率は圧倒的ですね♬。この〝**大統領選挙の周期が相場に与える影響〟は、サイクル投資法の代表例としてとても有名**です。この手法を使うかどうかは別として、少なくとも知識として知っていることはとても大切と思いますね。

5.　最高の6カ月でのトレード戦略

　今回は、個人的に本書中で最高の出来であると考えている「第6章　株を買う絶好の季節」から。
「トレードの完璧な戦略や手法というものは存在しないが、最高の6カ月での切り替えと私たちが呼ぶ手法には否定し難い実績がある。最高の6カ月は、基本的に『5月に売って、相場から離れなさい』という古い格言の裏面に当たる。相場で見られる季節性は文化的な行動の反映である。昔は農業が株価を動かす大きな要因だったので、8月は相場にとって最高の月だったが、今では最悪の月のひとつになっている。これは、夏休みになると、トレーダーや投資家が取引フロアやコンピューター画面よりも、ゴルフコースや砂浜、プールサイドのほうを好むからだ」

この「8月が最悪の月のひとつ」というのは自分の経験からもしっくり来ます。私は過去に8月の夏休みに海外に長めの旅行に出かけ、十分にリフレッシュして英気を養ってリラックスした状態で日本に戻ってきて久々に自分のポートフォリオを確認すると、主力株が軒並み大暴落していて〝秒の瞬間でストレスMAX〟状態に無理矢理引き戻されることが何度もありました。そして「帰国したら美味しい日本食を食べよう」と思って楽しみにしていたのに、実際には空港で久々に食べるうどんが1本も喉を通らない〝大惨事〟となったこともありました。

これは夏休みを前にして〝安心のためにポジションを閉じて休暇に出かける投資家〟と、その瞬間を狙って〝閑散相場で売りを仕掛ける投資家〟の両方がいるためですが、いずれにせよ、マーケットで喧伝される〝サマーラリー〟どころではなく、阿鼻叫喚の地獄絵図が展開されることの方が圧倒的に多いんですね（滝汗）。

すみません脱線しました。本文に戻りましょう。

「最高の6カ月でのトレード戦略

最高の6カ月に合わせて投資対象を切り替えるトレード戦略を用いると、一貫した結果が得られる。1950年以降の毎年、11月1日から4月30日までダウ平均に投資して、残りの6カ

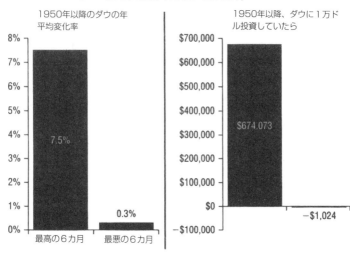

図表　最高の6カ月での切り替え戦略（1950～2012年）

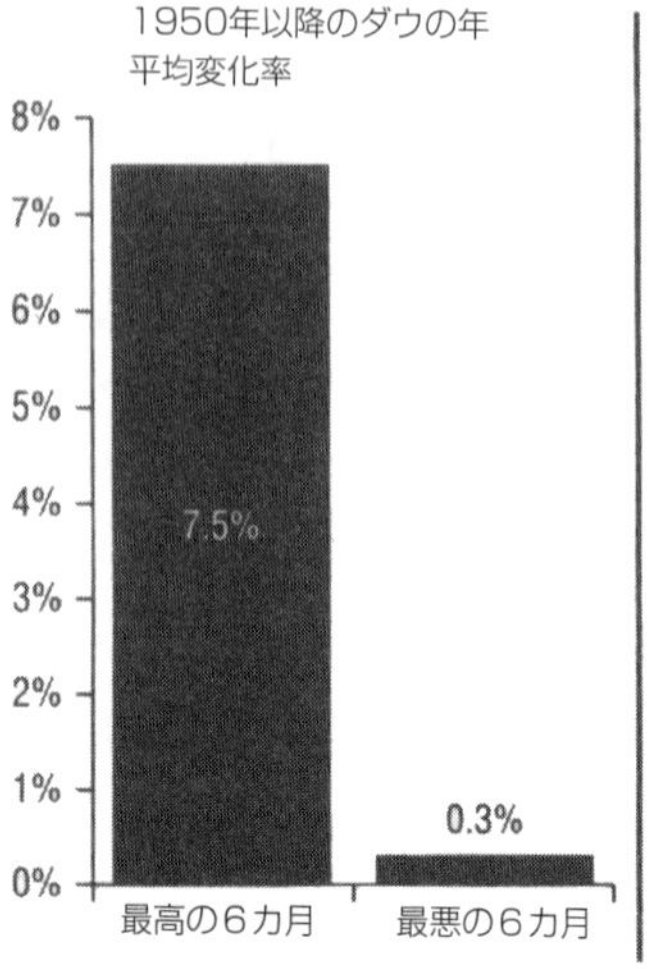

月の間は債券に切り替えていたら、少ないリスクで確実に利益が上がっていた。

11月、12月、１月、３月、４月は１９５０年以来、最高の月である。これに２月を加えると、見事なトレード戦略ができ上がる。この連続した６カ月に、ダウ平均は62年間で１万４６５４・27ドル上げた。このうち37年は上昇、25年は下落している。

一方、残る５月から10月までを見ると、１６５４・97ドル下げた。このうち、48年で上昇、14年で下落している。Ｓ＆Ｐ５００は同じ最高の６カ月で１４７７・５ポイント上げて、最悪の６カ月で97・71ポイント下げた」

この「最高の６カ月での切り替え戦略」はダウ平均でも、またＳ＆Ｐ５００でも有効だったということですね。そしてアメリカ株市場との連動性が高い日本株市場でもこの戦略が有効であるとする分析結果が出ています。

とても印象的な結果ですね。私としてはこれを活かすには、「最高の6カ月はポートフォリオをイケイケにしてリスクを取り成長バリュー株を組み入れて戦い、最悪の6カ月は資産バリュー・収益バリュー株を中心にして手堅く戦う。それが常にフルインベストメントが信条の自分のやり方に一番フィットする」かな？　とは思っています。でもこれまでの所はあんまり実現できていないです（汗）。

ま、いずれにせよ、この**「最高の6カ月での切り替え戦略」には無視できないレベルの実績があります**。前回紹介した〝大統領選挙の周期が相場に与える影響〟と同様で、〝知識として知っておく〟ことは大切と思いますね。

6．8〜10月に株を買え

今回は、「第8章　植え付けの秋」から。

「8月はひどく売り込まれがちなので、この月に株取引をした人は挫折を味わってきた。8月は休暇を取る人が多く、取引所も閑散としているので、この月の災難は長く続くかもしれない。

9月は1年で最悪の月と言われていて、評判はかんばしくない。

最悪の月は10月の訪れと共に終わる。相場では10月は希望の星となり、しばしば弱気相場に終止符を打つので、今は1年のうちで株を買うのに最もふさわしい月のひとつになっている」

「過去62年で株を買う絶好の機会は、8月、9月、10月のいずれかに現れた。これらの月は新たに買いポジションを取る最高の3カ月だった。

1年で最悪の6カ月は10月に終わる。しかし、季節性は変化するし、先を見越す人たちもいるので、9月、それに次いで8月は1年で新しく買いポジションを取る絶好の時期だと分かった」

個人的には、**日本株市場では8月のお盆休みの頃に閑散相場で激下げの〝逆サマーラリー〟が開催されることが多いので、そこで大きく買うのがパフォーマンスが良い**ように感じています。ただ**マーケットでは〝正しいやり方は常に変化する〟**ものですし、今後どうなるのかは分からないですね。

7．11～1月は最も良い3カ月

今回は、素晴らしい出来である「第9章　満足の冬」です。

「11、12、1月は最も良い3カ月だ。株価が着実に上昇する可能性が高いだけでなく、上場自体もほかの月に比べて圧倒的に大きくなることがある。1年のうちで3カ月しか投資しないつもりなら、これらが最適な月である」

「11月をうまく乗り切る。11月は最高の数カ月の到来を告げる」

「期待を裏切らない12月。１９５０年以降、12月はダウ平均の上昇率で2位、Ｓ＆Ｐ５００では1位で、それぞれ平均で１・７％上げている。また、小型株でも1位、ナスダックでは2位である。相場が12月に急落することはめったにない」

「祝祭の1月。過去41年間でナスダックの上昇率では1位、ダウ平均とS&P500では3位である1月は、1年間で最高の3カ月の終わりの月となる」

「最高の3カ月。11～1月には株を買い持ちしておこう。歴史的に見て、その時期が株を保有しておく最高の連続した3カ月だからだ」

いやあ、ハーシュの言葉は簡潔で歯切れが良くていいですね。読んでいるだけで元気が出てきます。

さてこの**11～1月が最高の3カ月**という話ですが、自分の経験でも〝ほとんどの場合〟はそうです。ただ2018年はこの経験則から、「今は苦しいけど11月、12月にはウィンターラリーで成績は回復するはず」と思って歯を食い縛って耐え、攻撃的なポートフォリオを維持した結果、最後の2カ月で相場が崩落し自分の主力株にも大損害が出て〝季節サイクル投資法不発で顔面蒼白〟だったので、これも絶対という訳ではありません（滝汗）。

まさに、**株式投資は**「**科学であり芸術である**」ということなんですね。

8．1月バロメーター

今回も、素晴らしい出来の「第9章　満足の冬」から。

「素晴らしい1月バロメーター

図表　１年の動きは１１月の動きに似る
——騰落率順で見たS&P500の１月のパフォーマンス

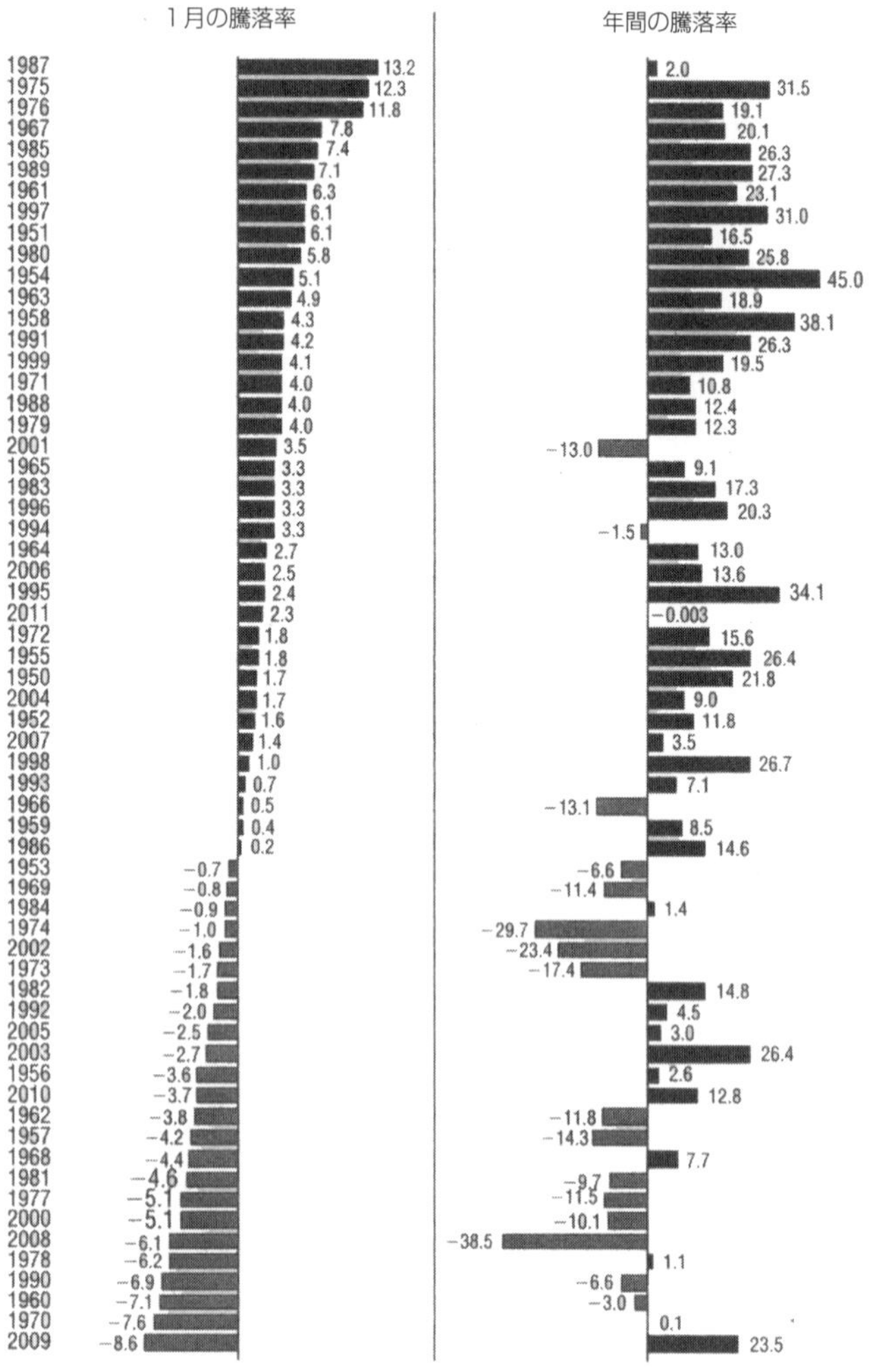

１月の騰落率
年間の騰落率
1987 13.2 2.0
1975 12.3 31.5
1976 11.8 19.1
1967 7.8 20.1
1985 7.4 26.3
1989 7.1 27.3
1961 6.3 23.1
1997 6.1 31.0
1951 6.1 16.5
1980 5.8 25.8
1954 5.1 45.0
1963 4.9 18.9
1958 4.3 38.1
1991 4.2 26.3
1999 4.1 19.5
1971 4.0 10.8
1988 4.0 12.4
1979 4.0 12.3
2001 3.5 −13.0
1965 3.3 9.1
1983 3.3 17.3
1996 3.3 20.3
1994 3.3 −1.5
1964 2.7 13.0
2006 2.5 13.6
1995 2.4 34.1
2011 2.3 −0.003
1972 1.8 15.6
1955 1.8 26.4
1950 1.7 21.8
2004 1.7 9.0
1952 1.6 11.8
2007 1.4 3.5
1998 1.0 26.7
1993 0.7 7.1
1966 0.5 −13.1
1959 0.4 8.5
1986 0.2 14.6
1953 −0.7 −6.6
1969 −0.8 −11.4
1984 −0.9 1.4
1974 −1.0 −29.7
2002 −1.6 −23.4
1973 −1.7 −17.4
1982 −1.8 14.8
1992 −2.0 4.5
2005 −2.5 3.0
2003 −2.7 26.4
1956 −3.6 2.6
2010 −3.7 12.8
1962 −3.8 −11.8
1957 −4.2 −14.3
1968 −4.4 7.7
1981 −4.6 −9.7
1977 −5.1 −11.5
2000 −5.1 −10.1
2008 −6.1 −38.5
1978 −6.2 1.1
1990 −6.9 −6.6
1960 −7.1 −3.0
1970 −7.6 0.1
2009 −8.6 23.5

1月バロメーターは1972年にイェール・ハーシュが考案した指標だ。1950年以降に大きく誤ったのは7回だけで、精度は88・7%だった。

この指標は、年間の相場は1月のS&P500の動きに似るという格言に従っている」

「1年の動きは1月の動きに似る——騰落率順で見たS&P500の1月のパフォーマンス」

さて自分の個人的な感覚としても、この「1月バロメーター」は絶対にあると思っています。そして私はそれを前提としさらに一歩進めて、「1月だけは何があっても絶対に好成績を出したい」という所まで精神的には進化（？）しています。

経験上、**1月の成績が良かった年は大体そのまま年間成績がいいし、逆に1月の成績が悪いと年中苦しんだ挙句最後も酷い**、ということが多いからです（笑）。

さてこれでこの本の紹介はおしまいです。とても歯切れが良くて分かりやすく、実践的で役立つ最高の一冊です。読んでいない方は投資家人生を損しています。今すぐに街で一番大きな本屋さんか通販サイトで買いましょう。満足することを100%、保証します。

第2章
モメンタム投資のための７冊

第2章序

さてこの章の冒頭を飾るのは「ワイコフ3部作」です。リチャード・ワイコフは『オールタイムベスト1』で紹介したジェシー・リバモアと同時代を生きた投資家兼ジャーナリストで、モメンタム投資家の始祖とも言える偉大な人物です。この3部作を読むと、〝１００年近く前の本なのに内容が全く古くない〟ことに驚くでしょう。損切りの大切さ、ナンピン買いの危険性、なぜファンダメンタルズだけでなくテクニカル要因にも目を配った方がいいのか、そしてなぜモメンタム投資手法が有効なのか、その答えのすべてが書いてあります。モメンタム投資の有効性が学術的に証明されたのは実は21世紀に入ってからのことです。なのにワイコフは、テレビもインターネットもなかった１００年近くも前にその〝マーケットの真実〟に既に気づいていたのです。その圧倒的な洞察力。天才ワイコフの、時を超える、心震える傑作群ですね。

次に登場するのは、モメンタム投資手法を洗練させた手法、ＣＡＮ－ＳＬＩＭ（キャンスリム）投資法で知られるウィリアム・オニールです。彼の代表作である『オニールの成長株発掘法』と『オニールの相場師養成講座』は既に第1巻で紹介しましたが、今回は『オニールの空売り練習帖』です。株で最も難しくかつ大切なのは〝株の売り時〟ですが、これを詳細に分かりやすく解説してくれる本というのはなかなかありません。この『空売り練習帖』は文字通り、株の空売りのタイミングを解説した本なのですが、実は同時に〝株の売り時を教えてくれる貴重な本〟でもあるのです。「なんだ空売りの本なのか、やらないから自分には関係ないな」と食わず嫌いでこの本を敬遠している投資家の方が多いですが、実にもったいないと思います。是非一度読んでみてください。最高ですよ♪

続いては、オニールのお弟子さん2人による、最高にクールな『株式売買スクール』です。〝師〟を超える、より洗練されたモメンタム投資手法を目指した意欲作であり、彼らの目論見は成功していると思います。「ワイコフとリバモアが生み出し、ダーバスとオニールが昇華させたやり方をさらに洗練させていく、歴史が動いた瞬間」をまさに目撃できる傑作ですね。

そして、〝現代最高峰のモメンタム投資家〟であるミネルヴィニの傑作、『株式トレード　基本と原則』が登場します。彼の本はとにかく実践的で〝明日からの投資に直接役立つ〟金言に溢れているのですが、本作もその期待を裏切らないですね。

最後に紹介するのは、アナ・クーリングによる傑作、『出来高・価格分析の完全ガイド』です。彼女のこの本は、「市場はすべてインサイダーによって操作されている」という、陰謀論（？）とも言えるようなややトリッキーな視点で書かれているのですが、読んでみると驚くほどに市場の真実を射抜いていています。ということは、やはりマーケットはインサイダー天国ということになるのでしょうか？　知的好奇心が刺激される新鮮な一冊ですね。

ストックマーケットテクニック　基礎編

リチャード・D・ワイコフ［著］、パンローリング・2004年

1. 総論

著者のリチャード・ワイコフ（1873～1934年）は、ジェシー・リバモアと同時代を生き抜いた投資家&ジャーナリストであり、**モメンタム投資家の始祖**と言ってもよい偉大な人物です。そして彼の強い影響は、**アナ・クーリングのVPA**（出来高・価格分析）や**ウィリアム・オニールのCAN-SLIM法**にもはっきりと色濃く見て取れます。

つまり、彼の一連の著作は、**株式投資界におけるまさに古典**なんですね。

さて今回は、ワイコフの著作の中でも最も親しみやすい一冊『ストックマーケットテクニック基礎編』を見ていくことに致しましょう。

まずはいきなり「訳者あとがき」から。

「この本の背景となっているのは大恐慌直後のアメリカ株式市場。本書で述べられた基本原則は、トレンドの読み取り、相場への参入と撤退の見極め、リスクの限定など、いずれも後代のテクニカル分析書に取り入れられ、詳しく説明されているものばかりである」

この本には、本物の古典としての重みがあります。それでは次回はその大トロのところを一緒に見ていきましょう。

2．損切りを最後の防衛線とする

「ウォールストリート動物園

われわれのおなじみの友人ブル（万年強気の投資家）とベア（万年弱気の投資家）に混じって、ほかにもたくさんの動物をウォール街で見かける。

簡単に言うことを聞きすぎる山羊。あまりにしょっちゅう毛を刈られる羊。自分の利益に絶対に満足しない豚。弱いものをえじきにする狼」

どうでしょう（笑）。ワイコフの本書発売から80年以上の時が流れても〝動物園〟には相変わらずおんなじ生き物が、全く変わらずに住み続けているのではないでしょうか？

「映画の脚本家は観客をまどわそうと一生懸命になっている。投資プールや相場操縦師たちはこの脚本家とそっくりであって、大衆を混乱させて、ある株が一定の方向へ動きそうだと信じ込ませようとする。だが、最終的な目的は逆の方向にもっていくことにある」

これは、アナ・クーリングの「**市場は常にインサイダーによって操作されている**」という考え方そのものです。彼女の投資手法であるＶＰＡ（**出来高・価格分析**）は現在の市場で強力に有効に機能します。そして、その源流は、間違いなく、このワイコフなんですね。つまり、現代の私達が使っている投資法のほとんどは、先人達の叡智の積み重ねの上に成り立っている、ということなのです。

「毎日あるいは週2日といった間隔で、必ず**保有株を点検し、損の出ているものは全部成り行きで売り払う**ようにすること。そうすれば、持ち株はすっきりした状態になり、閉じるべき時期が来るまで、利の乗ったトレードをそのまま継続しておくことができる」

そう、〝トレードの絶対原則〟は、簡単に言えばこれだけです。80年前に、ワイコフはその真実を既に完璧に見切っていたんですね。震えるほどの名言と思います。

「弱みを持ったポジションにこだわり続けるのはやめて、自分が間違いを犯したことを正直に認めよう。

どんな損失であってもそれを確定して、それで損失がなくなったことを祝いなさい」

ワイコフの言葉というのは、とてもシンプルで分かりやすいです。そして、〝**損切りを最後の防衛線とする**〟という考え方は本当に素晴らしいものだと思います。そして彼の投資原則のほとんどは今の市場でもそのまま当てはまります。時が流れても〝人間の本質〟は変わらないからでしょうね。

3. なぜファンダメンタルズは役に立たないのか

「なぜファンダメンタルズは役に立たないのか
テクニカル要因をまったく無視して、ファンダメンタルズの根拠だけに基づいて取引している人で、その結果に十分満足している人がいないかと注意して探したのですが、出会うことはできませんでした」

このワイコフの指摘は震えるほどに凄いと思います。私は書評を書くに当たってこの本を久方ぶりに読み返したのですが、このページに辿り着いたときにあまりの衝撃で息が止まり手が硬直し、しばらく動くことができませんでした。

と言うのは、私の観察では〝コテコテのバリュー投資家〟の資産はA級（数億円以上）ではあっても突出したS級（50億円以上）のものではないことが多く、逆に資金力の突出した大成功した投資家というのは、テクノファンダメンタルズ系のモメンタム投資家に非常に多いという印象があり、それがどうしてなのかがずっと分からずにいたからです。

具体的に少しだけ言及すると、ここ日本株市場で3桁億円を遥かに超える資産を築き上げ、大成功を収めていらっしゃる投資家の方々を見ると、cisさんも五味さんも明らかに〝単純な、古典的なバリュー投資家では全くない〟んですね。

私自身は長年〝バリュー一筋〟で戦ってきたわけですが、同時に、「バリュー以外でも、いやむしろバリュー投資手法以外のやり方だからこそ大勝している投資家の方々が間違いなくたくさんいる。**きっとバリュー以外の〝何か〟があるはずだ**」という疑問を抱き続けてきました。

そしてこの数年でようやくそれが、**モメンタム・トレンドフォロー手法**であったことに気付き（遅い！）、すとんと腹落ちしたわけですが、何のことはない、**真実は100年近く前に既にワイコフがきちんと親切に指摘してくれていたん**ですね。本当にワイコフは偉大な投資家であったとつくづく思います（滝汗）。

さて、これでこの本の紹介は終わりです。とっても平易な文章で書かれておりほんの数時間で読み切れますし、のけ反りハッとするほど鋭くて新鮮な指摘が多い名著ですので、未読の方は是非。きっとその奥深さにびっくりしますよ♪。

〔編集部注〕現在は電子書籍版で販売中です。

ストックマーケットテクニック2　ワイコフの相場大学

リチャード・D・ワイコフ［著］、パンローリング・2004年

1. 総論

以前にも書いたようにリチャード・ワイコフの一連の著作は、株式投資界におけるまさに古典ですが、今回は、その中でも最も洞察の深い『ワイコフの相場大学（ストックマーケットテクニック2）』を見ていくことに致しましょう。前回紹介した『ストックマーケットテクニック基礎編』の続編ですね。

まずは「訳者まえがき」から。

「本書には、長年の経験と研究に裏打ちされたさまざまのトレード手法が散りばめられている。それは、現代の高度な技法の原点といえるようなものである。

ワイコフの説明は具体的で、ユーモアにあふれ、親しみやすい。だが、古典と言われるだけ

あって、その奥はきわめて深い」

さて、次回からは本文に参りましょう。

2. プロは悪材料で買う

「**インサイダーは悪いニュースで買う**傾向がある。

悪いニュースはたいてい底値圏で出てくるし、良いニュースはスイングの高値圏で現れる。いろいろな銘柄のチャートの上に、その年の主なニュース記事の印を付けてみるがいい。おおかた、このことが当てはまっていることが分かるだろう。

大衆は普通、良いニュースを聞いて買うし、悪いニュースを聞いて売る。インサイダーやプロはその逆をやるのである」

これは今の市場でもそのまんま当てはまります。私はかつて主力で戦った銘柄に超絶悪材料が出て株価急落で巨大な損失を出し、リスク管理上も、また自分の精神力の限界からも、とても耐えられるような状況ではなく、極限まで追い詰められて、吐き気が片時も止まらずに胃の内容物を噴出しながらまさに文字通りに〝ゲロゲロで〟即時撤退したことがありました。

ところが、それからしばらくして、まさにその急落局面で複数の歴戦のS級凄腕投資家達がわらわらと大量に買っていたことが明らかになりました。まさに、「**プロは悪材料で買う**」んですね。

ちなみに新たに複数のS級投資家による大量保有が判明した時点で、私はその銘柄を改めて徹底的に調べ直して「うん、心の底から残念なことだけど、今の株価位置は非常に安い。気分的には1ミリも買いたくないが、だからこそ再び今すぐに大量に買う必要がある」と納得し、こみ上げる胃液と全身を突き抜ける強烈な屈辱感に震えながら、自分の売値よりも遥かに高い株価位置でその銘柄を買い戻しました。

私がマウスをクリックする手はぶるぶると震え、体中の骨が潤滑液をすべて失ったような強い痛みが全身を走り抜けました。「市場とは、なんと残酷で厳しい所なんだろう」と心の底から感じましたし、**一生絶対に忘れられない貴重な体験**となりましたね。

3. トレーダーの報酬は無限大∞

「疑わしい卵はほとんど常に悪い卵である。

どうしてそんなに配当のことを気にかけるのか。相場の逆の側についてしまったら、5年分の配当を5時間で失うことだってあるのに」

前世紀の大投資家**ジェラルド・M・ローブ**も、「利益が小さく安全なインカムを得ようとすると必ず損失を招くと信じている」と述べました。私は基本的に〝配当を重視しない、高配当株をあまり評価しない〟投資家なのですが、この自分の価値観には、ワイコフやローブ、オニールら偉大な先人達の教えが強く反映されています。

「この職業（トレード）の際立った利点は、間接費や従業員などの負担や面倒が一切絡まない状態でやっていけるということである。自由になる時間が1日に2～3時間しかなくてもかまわないし、すべての時間を費やしても良い。トレードの間隔は好みのままで、たまでもいいし、ずっとでもいい。

競争もないし、トレーダーは自分だけを頼りに、自分の資金を動かし、他人にアドバイスを求めることもない。こんな条件で仕事ができる職業を、私は他に知らない」

つまり、トレーダーという職業には〝真の自由〟があるということですね。これは本当に魅力的なことですし、第1巻で紹介した**『デイトレード』**の中で著者のベレス＆カプラもほぼ同じ意味のことを述べていました。

ちょっと引用してみましょう。

「……（熟練したトレーダーの）最終的な報酬は途方もないものとなる。成功したトレーダーが味わうことのできる自由は、想像のつかないものである。ノートパソコンと電話回線があれば、世界中のどこからでも自由にトレードができ、利益を上げることができる。たいていの人が1カ月かかる稼ぎをわずか2時間で稼ぐことができる。

そして、地球上の誰も、その生活を奪うことができないのである」

いやあ、素晴らしい。**〝成功したトレーダー〟以上に、完全に自由でかつ時間効率の良い仕事はない**ということですね。

「教育費についてみれば、ほとんどすべての職業が数倍の金額を必要としている。株式トレードほど有利に習得できる職業は他にないのである」

このワイコフの「株式投資ほど有利に取得できる職業はほかにない」という指摘は鋭いと思います。我々投資家という職業には、〃勝った場合にはその金額に上限の設定がない〃という大きな特徴があります。実力と運が左右する非常に過酷で厳しい世界ですが、同時にその「**報酬は無限大∞**」なのも事実なんですね。

「ウォール街でお金を失う方法
1．高く買って安く売る
2．損切りをしない
3．利が乗ったらすぐに確定する」

簡潔でいいですね（笑）。でも、現代の相場でもこのワイコフの「1．～3．」を一生懸命に実践してしまっている〃凍死家〃が後を絶たないいんですね。

さて、これでこの本の紹介は終わりです。どうでしょう？　あまり知名度の高くない本ですが、皆さまもかなり読みたくなってきたのではないでしょうか？　とても良い本ですので、未読の方は是非。

〔編集部注〕現在は電子書籍版で販売中です。

ワイコフの相場成功指南

リチャード・D・ワイコフ［著］、パンローリング・2004年

1. 総論

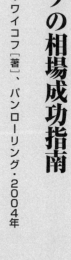

ここまでワイコフ3部作の内の2作を紹介してきましたが、これが最後の紹介となります。モメンタム投資家の始祖&偉大な投資啓蒙家であったワイコフに敬意を表し、最後まで書き上げたいと思います。

まずは「訳者まえがき」から。

「100年前といっても、株式売買の仕組みは基本的に今と変わっていない。だから、本書の内容のほとんどは、現代の相場に通用するものである。例えば、ワイコフはストップ注文の手法を詳しく説明している。初めは、注文を抵抗レベルに置いて、利が乗るに連れてそれを動かしていくのである。これがトレードの原則のひとつであることは、今も同じである。

むしろ、その力強く、分かりやすい説明を読むと、かえって新鮮に映る」

そう、ワイコフの文章は非常にシンプルで分かりやすいんですね。インターネットも、そしてコンピューターさえも存在せず、株式投資に関するノイズが少なかった100年前だからこそ書けた、相場の真実がここに静かに記録されているのです。

それではワイコフの言葉を見ていきましょう。

「失敗の原因

主な原因は、資金不足と無能力。

株取引で資金不足になるケースは、たいがいトレードのしすぎから生じる。まさに〝トレードのし過ぎは経済的な自殺〟という警句のとおりである」

どうです。このシンプルさ（笑）。そういえば女性よりも男性の方が投資成績が悪いというデータが複数ありますが、その主原因も**男性の方があまりにも頻繁に取引をし過ぎて、手数料と税金で自爆するから**です。100年前のワイコフの指摘通りなんですね。

2. 株で損をするとIQが下がる

「成功できるのはごく少数の人に限られる。

テープ解読（現在でいうVPA、出来高・価格分析）は厳しい仕事であり、なまけ者は手を出さないほうがいい。

同じことは、日々の生活費の心配をしなくてはならない人についてもいえる。お金の心配をすると、頭を明断に保てなくなる。過度の不安は、トレーダーの冷静な心を一番ひどくかき乱す」

あまり言及されることはないですが、この「**お金の心配をすると、頭を明晰に保てなくなる**」というのは重要な視点と思います。私は以前から、株で損をするとＩＱが下がると主張していますが、これも実はワイコフの１００年前の指摘そのままでもあるんですね。

3. 指値注文は、節約よりも損になることの方が多い

「注文の出し方

通常、注文は〝成り行き〟にすべきである。これは長い間の経験と観察に基づくものであり、その正しさはきちんと証明できる。

長期的に見れば総じて株価は右肩上がりに動いていくものだから、**成り行き注文を使わないトレーダーはチャンスを生かしきれない**ことになる」

どうして指値注文よりも成り行き注文の方がいいのか、ワイコフの説明は異常なほどに分かりやすくて歯切れがいいですね。皆さま、改めて申し上げますが、ワイコフ本は１００年前にしてこの超絶クオリティなのです。

「汽車に乗らなければ、どこへもたどり着けない。

指値注文は節約になるというよりも、相当に損をすることのほうが多い。

手仕舞うときには特に指値を避けるべきである。どんどん不利に動いていく相場にあって、1／8ポイントを節約しようと指値注文をするせいで、だらだらと身動きがとれなくなってしまう愚かな人は多い」

皆さま、ある銘柄で既に大損をしているのに、ちょっと無理目の高値での指値注文を出してなんとか少しでも数万円くらいでもダメージを軽減しようとして、結局その無謀な指値に全く届かず、それどころか逆に株価が暴落して最終的に何百万円も損を出した、ということはありませんか？　私は自慢ではありませんが、過去に何十回も、腐るほどにあります。

そしてさらに悪いことに、今でも気を抜くとすぐにそうなります。

損失回避傾向は我々人間の生物学的な本能に基づいた根深い行動バイアスであり、投資家にとっては最も気を付けなくてはいけない、意識し続けなくてはならない大きな欠点です。ワイコフはそれを１００年前に既に強く戒めてくれていたんですね。本当に震えの来るほどの名著と思います。

4．ワイコフが蒔いた種1（L＝先導株を買え）

さて今回は、ワイコフが先導株を買うことの重要性について語った部分を見ていきましょう。

「マイナー銘柄は先導役にならない

最初に引っぱられるのは先導株である。引っぱる力は順番に後ろに伝わっていく。

タグボートが止まっても、慣性の力で船団はしばらく進み続けるが、あちこちでぶつかったり、行きつ戻りつしたりする」

ちなみにこれとほぼ同じことを、100年後の現代の名著、後で紹介する『出来高・価格分析の完全ガイド』の中で、著者のアナ・クーリングが厳かに述べていました。すべては100年前にワイコフが喝破していたことなんですね。

「先導株の有利さ

ここに先導株を手掛ける有利さがある。需要と供給の影響は最初に主力株に現れるからである。理由は単純である。大口取引者が売買すれば、どうしても出来高が膨らんでしまうのである」

このワイコフの**先導株を買え、**という教えを分かりやすく体系化したのが、ウィリアム・オニールで、具体的には彼の**CAN－SLIM投資手法**の中のLに現れています。ここで改めてCAN－SLIM法について復習をしておくと、

「**C＝Current Quarterly Earnings**　直近の四半期の1株益。最低でも20%は上昇していており、〝勢い良く成長している〟こと。

A＝Annual Earnings Increases　年間の収益増加。過去5年間に意味のある成長が認められること。連続増益が望ましい。

N＝Newer Companies, New Products, New Management　新興企業、新製品、経営陣の入れ替えなどがあったこと。

N＝New Highs Off Properly Formed Bases　株価が正しい「ベース」を抜けて、年初来高値、昨年来高値、上場来高値などの新高値をつけていること。

S＝Supply and Demand　株式の需要と供給。発行済み株式数が少ないこと。需給の法則から騰がりやすい小型株であること。

L＝Leaders　相場を主導する銘柄であること。少なくとも業界の上位2、3社に入っていること。

I＝Institutional Sponsorship　有力な機関投資家が保有していること。なぜなら機関投資家は大多数の投資家よりも経験豊かで、より優れた投資実績を持ち、銘柄の選定にも長けているからである。

M＝Market Direction　株式市場の方向。相場全体のトレンドが悪くない、下降トレンドではないことを確認すること」

でしたね（なお、以上の説明については一部、みきまるによる、より分かりやすくするための超訳を含みます）。

そしてこの中のLはワイコフのアイデアそのものです。つまり、ワイコフが蒔いた種は、100年の時空を超えたマーケットで戦う私達現代の投資家に、そっと静かにそのまま受け継がれているということなんですね。

5. ワイコフが蒔いた種2（N＝新高値を買え）

今回は、ワイコフの最小抵抗線という考え方について。

「テープ解読者は当面のトレンドに従う。言い換えれば、最も抵抗の少ない道を行く。株価は最小抵抗線に沿って進む。抵抗が強ければ強いほど、その直後に別の邪魔者が出てくる可能性は低くなる。ダムはお互いに接近して造られることはない。だから、株価が新価格帯に突入したのに気づいたら、その動きについていくのがよい」

はい、これは前回の記事で述べた、ウィリアム・オニールのＣＡＮ－ＳＬＩＭ投資手法の中のＮです。

このように、ワイコフが見抜いた相場の真実は、１００年後の今でもそのまま通用します。そしてそれがなぜかというと、**新高値を買うというのは、損失回避傾向が強い我々人間にとって本能的に選択しづらい投資手法だから**です。

とても危険なやり方に見えるので足がすくんでしまってどうしても実践しにくいんですね。そして、ワイコフは１００年前にこの〝**人間の行動バイアスに根差した根源的な弱点**〟**に気付いていた**ということです。本当に偉大な投資家ですね。

6．ナンピンは手探りで天井や底を見つけようとする行為

今回はこれまでに紹介できなかった、非常に印象的なワイコフの言葉を見ておきましょう。

「リスクを増やさないこと

リスクは減らすものであって、増やすものではない。

ナンピンはテープ解読者には無縁である。**ナンピンは手探りで天井や底を見つけようとする行為である。**テープ解読者は手探りの売買をしない。確信をもって動くか、まったく動かないかのどちらかである」→ ワイコフは明白にナンピン買いを否定していますね。

「どれだけの利益が適切なのかという点については、決まった原則を立てることができない。一般的に言って利益に上限はない」→ モメンタム投資家の考え方がよく表れている素敵な文章ですね。

「不利なニュースにも株が値下がりしないときは、近い将来相場が上昇に向かうと期待してよい」

多くのS級投資家が、勝負に出るタイミングとして、この〝悪材料で株が下がらなかった〟ことを挙げます。本当に大切な視点と思いますね。

「テープ解読の技術を教えてくれる人を紹介してほしいという問い合わせをよく受ける。だが、テープ解読で**利益を上げられる人物で、進んで講師になろうという人を私は知らない。**

理由は単純である。**テープから得られる利益のほうが月謝よりもはるかに多いから**である」

ｗｗｗ。これは実際にその通りですね。そしてこの〝ワイコフの慧眼〟は、実は現代でもそのまま〝投資家の力量を評価する残酷なリトマス紙〟としてまるまる通用します。

さてこれでこの本の紹介は終わりです。ワイコフ3部作、いかがだったでしょうか？　是非、皆さまのお家の本棚にも置いて欲しいな、と思います。きっと、いつか、とっても役立つ日が来ますよ。

〔編集部注〕現在は電子書籍版で販売中です。

♛オニールの空売り練習帖

ウィリアム・J・オニール、ギル・モラレス［著］
パンローリング・2005年

オニールの
空売り
練習帖
HOW TO MAKE MONEY SELLING STOCKS SHORT
ウィリアム・J・オニール、ギル・モラレス［著］
鈴木一之［監修］西村嘉洋［訳］
売る方法を
知らずして、買うべからず！
PanRolling

1. 総論

ウィリアム・オニールと言えば、第1巻で紹介した『オニールの成長株発掘法』があまりにも有名ですが、この『オニールの空売り練習帖』も素晴らしい秀作です。空売り専門の投資家の中には、この本を**ベスト1位**に上げる方もいるくらいの名著ですね。

さてこの本の長所は以下の2点です。

1. 名言が多い。特に株の売り時に関しての警句が秀逸である。
2. 非常にシンプルかつコンパクトに仕上がっており、読みやすい。

それでは次回から、この傑作のベストオブベストの大トロの部分を、一緒に見ていくことにしましょう。

2. 株を売る時に人々には重要な知識が欠けている

まずは最高の出来である、ウィリアム・オニールによる「巻頭序言」を味わっていきましょう。

「株を売る時――特に空売りのときはなおさら――人々には重要な知識が欠けており、そして極めて人間的ではあるが、大きい心理的な障壁が存在する」

この〝株を売る時に人々には重要な知識が欠けている〟というオニールの指摘は秀逸と思います。実際、世の中にあまた溢れている投資本のほとんどは〝株の買い時〟を解説したものばかりで、〝株の売り時〟を徹底的に説明したものはほとんどありません。

でも、株は〝買ったらいつかは必ず売る〟訳であり、**株の売り時＝出口戦略について学ぶことは極めて大切**です。そして、この本は〝丸々一冊、株の売り時について丁寧に解説してくれている本〟であり、そこに稀少かつ至高の価値があるんですね♬

「**株の売り方を知っており、また売るべきときには断固として売る投資家が専門家にさえほとんどいない。**

しかし、株を売るべき時期、方法、そして理由を学ばずに、市場でうまく立ち回り、資産を守ることができる方法があるとは私には思えない。

売る能力もなしに買うのは、**攻撃だけで守備ができないフットボールチームのようなもの**である。勝つためには両方を理解し、実行しなければならない」

素晴らしい。私達投資家は**株の買い時について学ぶのと同じだけの情熱をかけて株の売り時についても勉強しなくてはならない**ということなんですね。

3. みきまるのドロボー理論

今回は「第1章　いつ、どうやって空売りするか」から〝名言〟の数々を見ましょう。

「株式市場には1つの側面しかない。それは強気の側や弱気の側ではなく、正しい側なのである」

この〝圧倒的実践感〟。痺れますね。

「弱気相場は大体3年に一度到来し、ひとたび弱気相場になったときの下落のスピードはそれまでの上昇のペースをはるかに上回る」

この、株の下落のスピードは上昇のペースよりも遥かに早い、ということは、オニール以外にも多くの大投資家が指摘しています。

例えば、伝説の**ボックス理論**で知られる、ニコラス・ダーバス（1920～1977年）は、株の売り時について、**トレンドが反転したら泥棒のように逃げ出すしかない**、と述べました。

私もダーバスの考え方を日々の実際の投資の中で採用しており、指標的に高値圏にある持ち株がモメンタムを失い、**「これは完全に崩れたな」と感じたら迅速に売却し、ポッケに札束をねじ込み、後ろを決して振り返らずに音速で去る**ことを常に心掛けています。

名付けて、〝みきまるのドロボー理論〟ですね（笑）。

4．大衆に従ってはいけない

今回も「第1章　いつ、どうやって空売りするか」の中から、オニールの〝炎の名言〟を見ていきましょう。

「市場において全員がそうであると思えることは、ほとんどそうなった試しがない。

市場においてあまりにも明白なものがうまくいったことはほとんどない。

株式市場において、**大衆に従ってうまくいった試しはほとんどない**」

前世紀の大投資家であるクロード・N・ローゼンバーグ・ジュニアも1962年のベストセラー〝Stock Market Primer（株式市場入門）〟の中で、

「大衆の動きは、まず間違っていると思ってよい。

大衆は、投資も株式市場も十分理解しているとは言い難い。本当に魅力ある銘柄の選択や妥当な価格評価についての訓練を受けていない。

大衆は感情に突き動かされ、これまでの歴史を見る限り一貫して間違ってきたと言える。

自律的な思考を忘れ、屠畜場に引かれる仔羊の群れに迷い込んではならない*」と喝破しました。

株式市場では一般常識や大多数の他の参加者の意見に従うことは極めて危険であり、常軌を逸したパラノイアや奇人変人で在り続ける方が遥かに、そして圧倒的に安全、ということなんですね。〔*『チャールズ・エリスが選ぶ大投資家の名言』（日本経済新聞社）より引用〕

5．空売りをしてはいけない銘柄

今回は、**空売りをしてはいけない銘柄**についての言葉を見ましょう。

「過小資本（例えば、発行済み株式数が少なく、市場に出ている浮動株が少ない）、または出来高が少ない銘柄を空売りするのは極めて危険である」

しばらく前に著名トレーダーのテスタさんが３７７８さくらインターネットという銘柄を空売りしてその後の急騰局面で踏み上げられて買い戻すことができなくなり、結局１億円の損失を出したことが話題になりましたが、**時価総額の低い小型株・超小型株の空売りは非常にリスクが高い**ということなんですね。

「ある銘柄の株価やＰＥＲ（株価収益率）が〝高すぎるように見える〟という理由だけでは絶対に空売りをしてはいけない。

大事なのは市場に反論することではなく、市場を研究し、市場が弱含みになっているときを認識し、それについていくことである」

ある銘柄にお仕置きをしよう、などと感情的に空売りをすることは断じて良くない。あくまでも市場の〝大きな意思＝モメンタム（勢い）〟に謙虚に従わなくてはいけない、ということなんですね。

6. 空売りのタイミング

今回は、**空売りのタイミング**についてのオニールの言葉を見ていきましょう。

「大事なことは天井で空売りをするということではなく、**正しいタイミングで空売りをするということ**である。

空売りのタイミングを決定するうえで極めて重要で決め手となるコンセプトは、**最適な空売りポイントのほとんどは株価が天井を付けてから5カ月から7カ月後、あるいはそれ以上あとになって現れる**ということである。株を買う時に、大底で買うのではなく、適切な買いポイントを決める前に、上昇トレンドと正しい形のベースを考慮に入れるのと同様に、われわれは天井を付けた直後での空売りを試すということはしない」

この「空売りの最適なポイントは株価が天井を付けてから5～7カ月後」というオニールの指摘には最初大きな意外感がありました。この本を読むまでは、〝株価がグングンと上昇してようやくピークを打ち下げ始めたところが空売りのポイント〟なのかと漠然と感じていたのですが、それは全然違うということなんですね。

「空売りチェックリスト

1. 市場全体が弱気トレンドでなくてはならない。また、なるべく弱気トレンドの初期段階であることが望ましい」

オニールの株を買う時の公式であるCAN－SLIMのM（Market Direction＝株式市場の方向性）を逆の方向から見る、ということですね。

「2．比較的流動性の高い銘柄でなくてはならない。

3．直前の強気サイクルにおけるかつてのリーダー銘柄の空売りを検討する。

4．かつてのリーダー銘柄を天井から5カ月から7カ月、またはそれ以降に空売りすることを検討する。しばしば、最適な空売りポイントは、50日移動平均線が200日移動平均線を下方にクロスする、いわゆる〝ブラッククロス〟の後で起こる」

このかつてのリーダー銘柄を狙うというのも、CAN－SLIMのL（Leader or Laggard＝主導銘柄か、停滞銘柄か）を逆から見ています。

つまり、**オニールの魔法の公式であるCAN－SLIM投資手法は、売りでも買いでも使える、凄い手法**であるということなんですね♬

7．空売りの構造

今回は「第2章　空売りの構造」から〝ひな形〟を読んでいきます。

「強気サイクルにおける偉大な上昇銘柄が、それに続く弱気サイクルでは非常に高い割合で最高の空売り銘柄になる。

株価が主要な〝支持線〟を割り込んだのを見た空売り方が参入する。しかし、株式市場では大多数の人にとって分かり切ったことがうまくいった試しは少ない」

具体的なダイアグラムは図表「空売りの構造」のようになります。

なるほど、**パッと見で空売りポイントに見えるところは、実際にはまだ早すぎる**ということなんですね。勉強になります。

なお、どうして最初の急落で売ってはいけないかと言うと、「かつての主導株には強気の余波なるものが残っている」からです。これは本書の共著者でオニールの愛弟子・モラレスが、この後紹介する『株式売買スクール』で述べた名言です。**〝余熱が残っている〟時にはまだ空売りしてはいけない**ということなんですね。

図表　空売りの構造

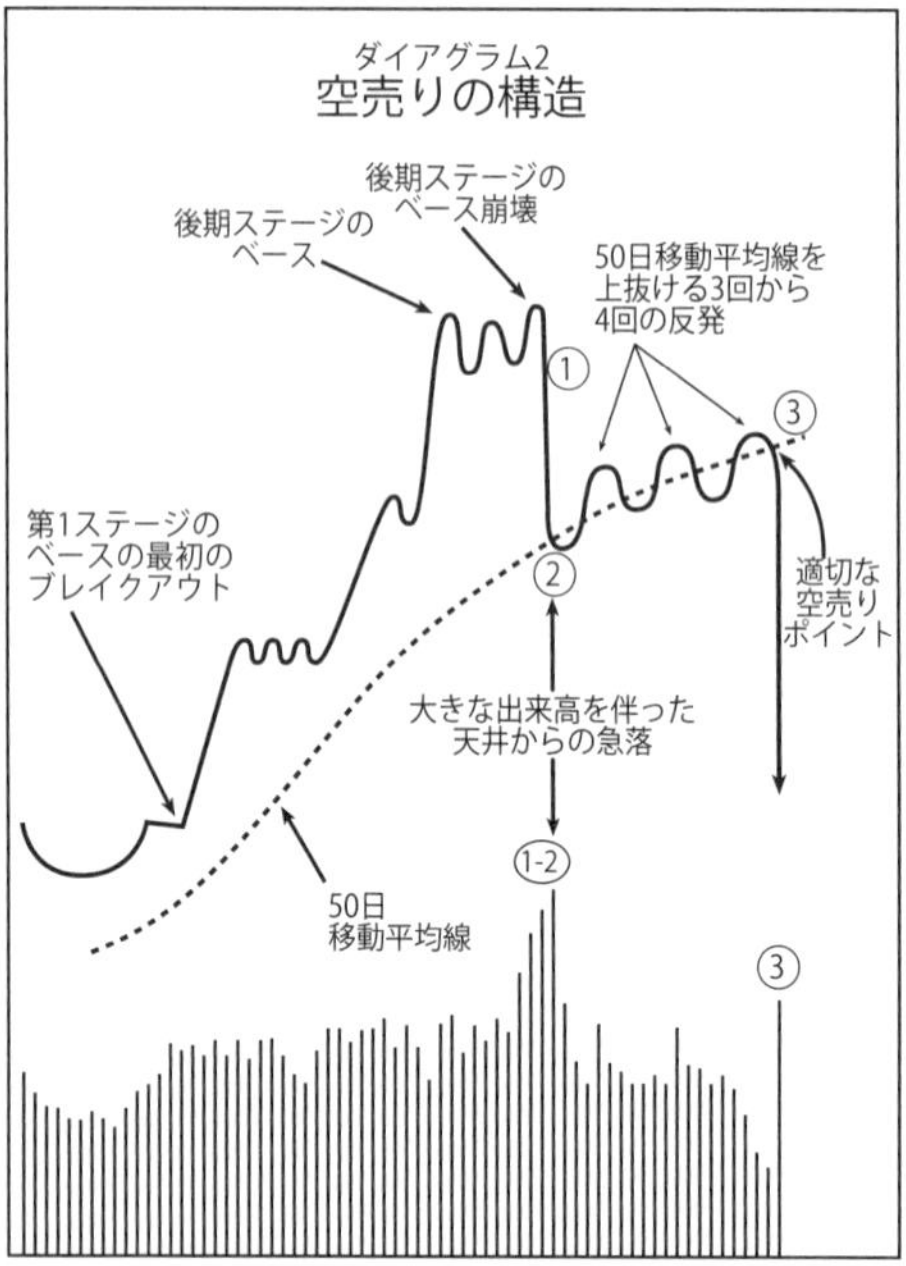

8．空売りの実際

今回は、「空売りの実際」を見ていきましょう。

「2000年3月に天井を付けた

時、シスコ・システムズは多くの機関投資家のポートフォリオでの人気銘柄であった。

しかし、同社は偉大な上昇銘柄の輝かしい歴史的モデルを提供したばかりではなく、すべての株には売るべき時があるという、より重要な事実を証明した。

リーダー銘柄としての基本的な特徴は、市場全体の調整局面において常に最後に調整に入るということだった」

「通常、われわれは3回から4回の反発のあと、その銘柄の空売りシグナルに注意を払う。シスコの場合は4回目の反発の失敗が弔鐘となり、株価が大きな出来高を伴って50日移動平均線と２００日移動平均線を割って急落した時に、空売りの鐘が明瞭に鳴り響いた」


シスコ・システムズの週足チャートを見ると、**適切な空売りポイントは株価のピークからかなり後ろに出現している**んですね。本当に勉強になります。

さて、これで本書の紹介は終わりです。**あらゆる投資家にとって得るところのある名著**と思いますので、未読の方は是非。

株式売買スクール

ギル・モラレス、クリス・キャッチャー［著］
パンローリング・2012年

1. 総論

出ました、オニール新世代による革命的名著！

ウィリアム・オニール・アンド・カンパニーの社内トレーダーとして働いた、オニール直系のお弟子さん2人によるウィリアム・オニール流の運用手法を紹介した解説書ですね。

ちなみにこの本の共著者の1人のギル・モラレスは、〝空売りの名人〟として知られ、先ほど紹介した『オニールの空売り練習帖』もオニールと共著しています。さらに言うと、本書の「第6章　弱気相場に乗る方法——すぐに使える空売りの手法」は、〝空売り練習帖の続編〟ともいえる内容となっているので、興味のある方は是非併せてご覧下さい。

さて、本書の魅力を端的に言うと、本家オニールを超える〝新世代の、最強のモメンタム投資法を目指した野心作〟であることと、〝著者2人の株式投資に関する知識がずば抜けて豊富で、かつ投資の小ネタが多くて話が抜群に面白い〟ことです。

さて今回は初回ですので、まずは目次を見ておきましょう。

「第1章　優れた投資法が生まれるまで――オニールの投資法」は、ある意味で過去のモメンタム投資家の総まとめともなっており、素晴らしい出来です。**率直に言ってこの章だけで本の定価の元は取れる**と思います。

続く第2章も凄い内容です。というか、クリス・キャッチャーはべらぼうに勉強していますね。また「第4章　失敗に学ぶ」は、心に染みるいい話が多いです。

「第8章　オニールの十戒」はコンパクトですが、身の引き締まる名言のオンパレードです。第9章・10章もダレることなく良い出来を保っています。

この本は500ページを超える大著でありながら、捨てページがほとんどなく、極めて高いクオリティを均質に保っています。ある意味驚異的ですね。オニール好きなら必読ですし、そうでなくてもあらゆる投資家にとって得るところのある〝名著〟と言えると思います。

それでは次回からは、この本のベストオブベストの部分だけを一緒に見ていきましょう。みきまる渾身の全8部作、いよいよスタートです。

2. オニールの投資手法は、過去の知恵をアップデートしたもの

今回はまずは本書中で最高の出来である「第1章　優れた投資法が生まれるまで――オニールの投資法」を見ていきます。

「オニールの思想体系はリチャード・ワイコフやジェシー・リバモアら先人の哲学に由来している部分が大きい」

「ワイコフやリバモア、そしてダーバスらの有名な投資家が提唱してきた手法が、〝オニール流〟投資法の重要な基盤となっている。オニールの手法はそういった先人の投資家の考えをもとに作られたのだ」

つまり、**オニールの投資手法は、過去の偉大なモメンタム投資家達の知恵を現代流にアップデートしたもの**ということなんですね。

また歴史上の偉大なモメンタム投資家に関しては以前に、「凄腕モメンタム投資家を見てみよう　２０１７年編」https://plaza.rakuten.co.jp/mikimaru71/diary/201704150001/　という大人気記事でまとめていますので、未読の方は是非併せてご覧下さい。

すみません、興奮のあまりいきなり大きく脱線しました。本文に戻ります。

「オニールは、史上最高値で飛ぶように売れている銘柄を買うことを勧めている。その理由は簡単だ。〝真のリーダーは、新高値かその近くから大きな動きを開始するもので、安値や高値

からかなり下がったところからではない〟。**人と反対の行動を起こして高値を更新した株を買うことは非常に効果的な投資法**である。しかし高値で売られている株を買うことを恐れている大衆には、そのような行動は理解できない。

たいていの場合、マーケットは投資家の思惑どおりには動いてくれない。したがって、大衆が高値を更新している銘柄を買うことをためらっているようなときには、それがまさにその銘柄を買う絶好のタイミングである可能性が高い」

モメンタム投資がなぜ、**パフォーマンスキング**であるのか、そしてそれなのになぜ多くの市場参加者がアンチモメンタムトレーダーになってしまうのか、をコンパクトに分かりやすく解説した大名文ですね。

「オニールも株を買ったら必ず7～8％下落した時点で自動的に損切りすることを推奨している。**必ず損切りすることが株式市場で生き残るためには絶対に不可欠**である。リバモアは、「早いうちに小さな損切りをするのは賢いことだ――**利益は自然と生まれてくるが、損失は自然には消えない**からである」と語っている。

リチャード・ワイコフはこう助言している。『必ず保有株を点検し、**損の出ているものは全部成り行き注文で売り払う**ようにすること。そうすれば、持ち株はすっきりした状態になり、手仕舞う時機が来るまで、利の乗ったトレードをそのまま継続しておくことができる』

損切りを〝防衛線〟として使うという考え方はオニールの考えと共通している」

いやあ、良い表現が多いです。著者のモラレス＆キャッチャーの〝株式投資本マニア度〟の高さと、株式投資が大好きでたまらないことが分かる〝沸点の低い純粋な熱意〟が文章からじかに伝わってきますね。

3. 売る時にはテクニカルで判断する

ここでは、珠玉の出来である「第2章　クリス・キャッチャー博士が7年間で１８０００％を超える利益を得た方法」を見ていきましょう。

「買うときはファンダメンタルズとテクニカルの両面を分析するが、売るときにはテクニカルだけで判断する。つまり、**テクニカル分析を売りの最終判断の方法とする**のである」

株の下落のスピードは上昇のペースよりも遥かに早いので、株式売却の最適なタイミングはテクニカル分析がファンダメンタルズ分析よりも鋭敏に、先に検出するということですね。

ボックス理論のニコラス・ダーバスが「トレンドが反転したら泥棒のように逃げ出すしかない」と喝破した通り、指標的に既に高値圏にある持ち株がモメンタムを失い「これは完全に崩れたな」と感じたら、迅速に売却し、ポッケに札束をねじ込んで、後ろを決して振り返らずに猛ダッシュでドロボーのように去らなくてはならないということなんですね。

以前にも書きましたが、私はこれを「みきまるのドロボー理論」と名付け（笑）実践しています。

4. モデナトレード

今回は、この本の中で最も印象に残ったクリス・キャッチャーの「モデナトレード」の話を見ていきましょう。

「2001年2月、私はパワーシェアーズQQQトラストシリーズ1（QQQQ）の空売りポジションに増し玉をした。利益がどんどん膨らむのを見た私は、このトレードを『モデナトレード』と呼ぶことにした。当時、世間で最も注目を浴びていたであろう**フェラーリ・モデナ**の新車は、原価にかなりの利益が上乗せされて25万ドルで売られていた。つまり、1回のトレードで50万ドルの利益を出すことができれば、国税や地方税、およびほかのもろもろの税金を支払ってもこの車が買えたのだ。

私はモデナトレードで60万ドルの利益を出したのだが、実際にはこの車を買いはしなかった。フェラーリを所有することは私の長年の夢だったが、重要なのは車を所有するという行為そのものではなかった。買おうと思えばその車が簡単に所有できる、という事実が大切だったのだ。だから実際にモデナを買う必要はなかった。この資金を手元に残してマーケットに再投資するほうが、私にとってはより大きな喜びだったのだ。**オニールのもとで働きながら学んだことは、マーケットで手に入れた利益で贅沢をしてはならない**、ということだった」

このキャッチャーのモデナトレードの話は、私の心に〝深い感動と余韻〟を残しました。

市場で幸運にも大きく勝つことができたなら、深呼吸して一息置き、相場の神様に深い感謝を捧げ、その資金は無駄遣いをすることなく静かに手元に温存する。そしてまた市場で〝次なる大きな戦い〟に臨めることが、私達投資家にとって最高の幸せであり喜びであるということなんですね。

ところで、このキャッチャーの「モデナトレード」には、〝あまりにも意外過ぎる続きのお話〟があります。興味のある方は、是非本を買って御覧になってくださいね。

5．投資家の究極の目的はお金ではない

今回からは珠玉の出来栄えである「第４章　失敗に学ぶ」を見ていきましょう。

「『トレーダー』という雑誌の表紙を見ると、浪費や物質主義という浅はかな概念がトレーダーの動機になっているという現実が垣間見える。豪邸やスポーツカー、自家用ジェット、高級ワイン、高級時計などの物が成功の証しとしてトレーダーの間で崇拝され、そしてトレーダーとして目指すべき理想の姿として提案されている。われわれはこの考えには断固として反対である。エゴを満たすことがトレードをする動機であって良いはずがない。

真のトレーダーであれば、単純に**大化け株をつかんで〝ゾーンにはまった〟ときこそが、最も心穏やかになり、最高の満足感を得られる瞬間である**はずだ。つまり、成功するトレーダーになることの本当の意味とは、トレーダーとしての腕を磨くことで至福の喜びを感じること、

それに尽きるのだ。**究極の目的はお金ではない**ということである。

その裕福さを利用してできるだけシンプルな人生を送ってほしい」

最後の一文、心にグッと染みました。

私は現在、少しでも資金力のある大きな投資家になることを目指して日々血みどろで戦い続けているわけですが、その最終目標は、言われてみると確かに〝シンプルで楽しく、悩みの少ない人生〟を送ることとなんですね。未だに〝物欲&煩悩MAX〟な私には、非常に身の引き締まる清廉な警句でした（滝汗）。

そして、クリス・キャッチャーはお母さんが大谷英子さんという〝アメリカで最初の日本人女性ファイナンシャルコンサルタント〟であるそうなのですが、その影響なのでしょうか？その文章にどことなく東洋的、仏教的な価値観が漂っているようにも感じました。

また〝トレードの究極の目的はお金ではない〟という視点に関してですが、第1巻で紹介した『続マーケットの魔術師』の中でコルム・オシアが語った、「お金のためにトレードする人はみな失敗します」という金言を思い出しました。

私達投資家はもちろん〝お金を稼ぐ〟ことを求めているからこそ市場に参加しているわけですが、マーケットというのは本当に天邪鬼かつ不思議なところで、〝お金への執着心〟だけでは決してうまく行かないんですね。

6. 投資の最初のルール

今回も「第4章　失敗に学ぶ」の一節からです。

「オニールを見ていると、トレードの勝敗で判断を変えたり、大きな利益が出ているからといって興奮することなどけっしてない。マーケットが大きく上昇してみんなが興奮しているときにオニールに電話をしても、オニールはほとんど無関心だった。**投資の最初のルールは興奮してはならないということ。**最後に、マーケットに対して健全な尊敬と畏敬の念を常に持ち続けることを肝に銘じてほしい。マーケットを動かす力は、われわれ人間よりもはるかに強く、そして偉大である」

確かに私の観察でも、**S級、超A級の投資家のほとんどはどんな市場環境下でも驚くほど冷静です。**株式投資に当たっては、常にクールヘッドを保ち、同時に謙虚でなくてはならないんですね。

7. かつての主導株には強気の余波が残っている

今回は、空売りの名人であるギル・モラレスが書いた「第6章　弱気相場に乗る方法――すぐに使える空売りの手法」を見ていきましょう。

「『オニールの空売り練習帖』が出版されてから5年以上がたった。そのモラレスが執筆した部分の最初の改訂版が本章だと考えてもらってよい。

定説として、マーケットを上昇へと導いた主導株は、資金が流出する弱気相場になるとマーケットの下落も主導することが多い。

空売りは、マーケットが明らかに弱気相場、つまり下降トレンドに入っているときのみ行う。しかも弱気相場のサイクルのなるべく早い段階で行う。

弱気相場での遅すぎる空売りは壊滅的な損失を招く恐れがある」

と、ここまでは『空売り練習帖』の復習ですね。ただ、この後のモラレスの文章が凄いのです。見ていきましょう。

「かつての大化け株は強気の勢いが長続きすることが多い。

かつての主導株には強気の余波なるものが残っている。

そのような強気の余波が完全になくなるまでには時間がかかるものである。だから空売りの候補となるような銘柄のほとんどは、適切な天井のパターンを形成して大きく下落を始めるまでに8～12週間か、それ以上の期間が必要なのである。

1日に最低でも100～200万株、できればそれ以上の出来高がある銘柄に限定する。銘柄の流動性とリスクの高さには相互関係があるため、流動性の低い銘柄は空売りの候補にするべきではない」

このモラレスの「かつての主導株には強気の余波なるものが残っている」という表現は実に

株式市場の実態を示していていいなあと感銘を受けました。そしてこの後で、『オニールの空売り練習帖』のダイアグラム「空売りの構造」〔本書140ページ参照〕を見ると非常に納得できました。うん、確かに〝余波〟ってあるんだな、と実感しますね♬

8．オニールの十戒

今回は、この本の共著者のモラレスとキャッチャーの〝師匠〟であるウィリアム・オニールの投資哲学をまとめた、素晴らしい出来の「第8章　オニールの十戒」を見ていきましょう。

「オニールはある考えを持って投資の世界に臨んでいる。この業界で生き残るためには、さらには人生で生き残るためには、きちんとした思考を持つことが必要で、成功や富がもたらす心理的なワナにはまってはならない、というものである。

オニールの倫理観は企業運営にも反映されている。

関連会社は、すべて比較的質素でこぢんまりとした場所にある。オニールに実力を認めてもらえればオフィスの古いカーペットの破れを修復するためのガムテープを買ってもらえる、と同僚とよく冗談で話した。

生意気な社員が闊歩するグーグルのような派手なオフィスではない。

オニールが倹約家でいられるのは、世界恐慌の時代に生まれたことと生まれ持った良識があるからだろう。

常に心の均衡を保ち、質素でいることを忘れてはならないということを、オニールは伝えようとしているのである」

最も尊敬する投資家の一人であるウィリアム・オニールが一体どのような性格の人なのか？というのはとても興味のあることでしたし、このくだりは印象に残りました。そして私もこれからも〝常に謙虚〟な姿勢で株式投資に臨まなくてはならないと決意を新たにしました。

「第一戒　自己を見失ってはならない
人は自分を見失うと何らかの行き過ぎた行動に走ってしまうものである。
オニールのように成功している人物は、ときに嫉妬という、人が持つ否定的な感情の標的になってしまう」

「第二戒　恐怖におびえて行動してはならない
マーケットを恐れるということは、不透明で不正確な判断をする状況に身を置いているのと同じ。
マーケットに対して慢性的な恐怖心を持っているということは、投資をする心の準備が整っていないことを意味している」

「第三戒　敵から学ぶことのほうが友人から学ぶことよりも多い
オニールは自分を中傷したり批判したりする人間の否定的な考えを、いつも前向きにとらえることができる。

これはオニールの典型的な手法で、否定的な考えを肯定的な考えに変えることで、第三者による批判をある種の学びとして受け入れるのである。

あなたは敵から自分の弱点や欠点――オニールが好んだ言い方を使えば〝欠陥〟――を学ぶことができるのである」

「第四戒　学ぶことや自己改善をやめてはならない

第五戒　保有銘柄について話してはならない

マーケットで成功したことを興奮しながら吹聴するのは、オニールが大変嫌う行為である。保有銘柄について絶対に口外しないという簡単な方針に従うだけで、自分の成功を声高に言いふらしてエゴを満たそうとすることもなくなる」

いやあ、オニールの十戒、素晴らしいですね。

さて、これでこの本の紹介は終わりです。オニールに学び、そして今度は師匠のオニールを超えようという熱意に満ちた野心的で印象的な意欲作です。滅茶苦茶勉強になりますよ。未読の方は是非。

株式トレード　基本と原則

マーク・ミネルヴィニ［著］、パンローリング・2018年

1. 総論

マーク・ミネルヴィニは皆さまご存知の通り、『マーケットの魔術師　株式編』に登場しているマーケットウィザードであり、現代最高峰のモメンタム投資家です。

この本は彼による2冊目の著作となります。1冊目の『ミネルヴィニの成長株投資法』に較べると、株式投資でやってよいこととやってはいけないことを概念的に示した一冊になっています。監修者である長尾慎太郎氏は、「初心者向けの相場書として好評を博している『システムトレード　基本と原則』の中級者向けバージョンと言ってよい」と述べていますが、確かにそんな本だなと思います。

ちなみに、『ミネルヴィニの成長株投資法』と『成長株投資の神』については第1巻でご紹

介済みですね。また、上記のブレント・ペンフォールドによる快作『システムトレード』の書評については続刊にご期待ください。

2. やめるという選択肢はない

今回は、「序章　トップトレーダーのように考えてトレードするための第一歩」から。

「どの世界でも大成功をする人はみんな同じ姿勢で取り組む。つまり、目標を実現するか死ぬまでやり続けるという姿勢だ。彼らにやめるという選択肢はない」

このミネルヴィニの言葉は心に刺さりました。私も公言はしていませんが、**投資家としての必達目標があり、そこに辿り着くまでは絶対に投資をやめない**覚悟です。死んでも、何があっても、どんな手段を使っても目標を達成する、そう自分に誓っています。

そして、目標を達成するために、そして昨日より少しでも良い投資家になるために、このブログを継続しています。

3. MVP指標

ここでは、「第1章　常にトレードプランに従う」から。

「MVP指標

非常に大きく上げ続ける銘柄には、ほかとは異なる次のような特徴がある。

M　モメンタム　15日のうち12日で上げる
V　出来高　その15日間に出来高が25％以上増える
P　株価　その15日間に20％以上の上昇」
MVP指標。これは覚えやすいし、有用ですね♬
「デビット・ライアン（『マーケットの魔術師』青本に登場するマーケットウィザード）は言った。『私はすぐに含み益を得たい。買ってすぐに含み益が得られなければ、私はすぐに手仕舞いたいと思う』と。ある銘柄が薄商いで上にブレイクしたあと、翌日以降に大商いで下げ続けたら、それは本当に危険な兆候だ。
ダン・ザンガー（『成長株投資の神』に登場）はこれを最もうまく言い表した。〝勝つ馬はゲートに戻らない〟」
これらの言葉には、モメンタム投資家の考え方が実によく表れています。〝勝つ場合にも負ける場合にも結果がすぐに分かりやすく出る」のがモメンタム投資の特徴なんですね。

4．ナンピンは間違いを増やす

今回は、「第5章　間違いではなく、資金を複利で増やす」から。

「ナンピン買い、これこそまさにトレード口座の資金を吹き飛ばして、投資家を破産に追い込む方法なのだ。なぜか。これは資金を増やしているのではなく、間違いを増やしているからだ。

ポール・チューダー・ジョーンズはおそらく、すべてのマネーマネジャーのなかで最も優れた1人だ。私は彼をとても尊敬している。ずっと以前に、彼のトレード用デスクの上方に彼の写真が飾られているのを見つけた。それには、〝負け組は負けトレードをナンピンする〟と書き添えてあった。

この言葉はとても印象深い知恵を含んでいる。負け組だけが含み損になっている銘柄を買い増す、ということだ」

このブログでも繰り返し述べていますが、私は、**ナンピン買いは最悪の投資手法**であると考えています。〝ハイリスク・ローリターン〟で危険極まりないやり方だからです。

もちろん自分も心情的に、「あ、この銘柄、ナンピンで買い単価下げたいな」と感じることはたまにあります。ただ私は過去の多くの苦い経験から今では決してナンピンはしません。それはまさにミネルヴィニの言う通りで、〝ナンピンは間違いを増やす〟からですね。

5. 決算プレイの是非

今回も、「第5章　間違いではなく、資金を複利で増やす」からです。

「決算発表日まで保有し続けるべきか

一般的に、私はある程度の含み益がないかぎり、重要な発表日まで大きなポジションを取り続けることは絶対にない。ある銘柄に10％の含み益があれば、通常はほとんどの決算発表日まで保有しても正当化できる。
しかし、含み益がないか、もっと悪いことに含み損の状態ならば、通常はその銘柄を売るか、ポジションサイズを減らして、10～15％のギャップを空けて下げる可能性に備える。その会社についてどれほど詳しくても、決算発表日まで保有を続けるのは常に賭けだ。
重要な発表日には、ポジションサイズを調整して、絶対に大きなリスクをとらないようにしよう」

ここでミネルヴィニは、いわゆる〝**決算プレイ**〟**の危険性**を指摘しています。これは重要なポイントで、リスクとリターンの観点から見て、大きな資金を入れている主力株において〝決算をまたぐ〟ことが〝マイナスの期待値〟になっている場合というのは確かにあります。

ただその一方で、2～3年の時間軸で遠くの未来を眺めながら、〝ゆったり・のんびり・まったり〟戦っている「中期投資家」の私にとっては、〝決算前だからと言ってポジションをガチャガチャ動かしたくない。元々そんな短期の目線では戦ってはいない〟こともあり、非常に悩ましい問題です。

そして現在の自分がどうしているかというと、元々業績の進捗が悪くて懸念を持っている主力株で「明らかにリスク・リワード比が不利」と考えた時に決算前にポジションの一部を外す場合はありますが、それはあくまで例外的でほとんどは〝そのまま持ちっぱ〟です。

ただその分、主力株に関しては極力**大きな含み益がある状態を保つ**ようにしています。要は、できる限り〝うまく行っている〟銘柄群でPF上位を構成するように心掛けている、ということですね。

6．大きな成果を上げるためのカギ

今回は、「第10章　並外れた成果を上げるための8つのカギ」から見てみましょう。

「第1のカギ――タイミングを計る

率直に言えば、人生でもトレードでもタイミングがすべて。

第2のカギ――分散しない

あなたが何を聞き、何を読んでいようと、個人投資家が幅広く分散する必要はない。適切なときに最高の銘柄に集中投資する必要がある。

第3のカギ――銘柄の入れ替えはタブーではない

重要なことは、売りシグナルが点灯したら手仕舞うことだ。あるいは、ほかの銘柄のほうが魅力があると思ったら、魅力に欠ける銘柄からそちらに乗り換えることだ。トレーダーは持ち株と結婚しているのではなく、〝デート〟をしているだけだ。

資金は常に最も良いパフォーマンスが得られそうなところに移して、リスクにさらしている資金は問題がある状況からほかに移すべきだ。

エッジがあるのなら、銘柄の入れ替えは良いことだ。

第4のカギ――リスクとリターンの比率を常に維持する
損失に対しては短期的な手法を用いて、一方、利益に対してはある程度、長期の手法を用いるべきだ。それは損切りは早く、利は伸ばすということを意味する」
このミネルヴィニの指摘には全面的には賛同しかねるところもありますが、〝並外れた利益〟を目指すためには非常に重要な考え方であるとも感じます。ただ熱意と力量が乏しい投資家が真似するのはちょっと危険かもしれないですね。

7．ドローダウンを抑えるためのカギ

今回も、「第10章　並外れた成果を上げるための8つのカギ」から。
「ドローダウンを抑えるための4つのカギ
あなたは大規模な投資信託のマネジャーとは異なり、市場を動かせるほど巨額のポートフォリオを運用しているわけではない。自分がいかに〝ビッグ〟だと思っていても、個人投資家の売買では、非常に流動性が低く薄商いの銘柄を動かすことさえできない。これは素晴らしい利点であり、このおかげでリスクとリターンの比率を非常に効果的に管理できるのだ。
第1のカギ――上昇相場で売り抜ける
第2のカギ――大きくトレードする前に、小さくトレードをする
相場観や直感に従うのではなく、マーケットの指示に従う。

トレードでは直感に用はない。個人的な感情はめったに事実に優ることはない。

損が増えると、資金面でも感情面でも被害を被る。すると、自信が揺らぐ。しかし、**自分の戦略やタイミングが合っているかずれているかをマーケットが〝告げる〟ときに、その指示に従っていれば、大きく外すことはない**。その結果、資金も自信も傷つくことはない。

損はうまくいっていないことを伝えてくれる貴重な情報だ。

何かがうまくいっていないのに、繰り返し損をする必要があるだろうか。そうしてしまうのならば、それは実際の相場よりも自分の相場観にこだわっているからだ。

第3のカギ――常にトレンドに従ってトレードをする

トレンドに逆らってトレードを試みても、その判断が正しいことはめったにない。例えば、自分の好む銘柄が売り圧力を受けて下降トレンドが形成されたら、どこかでまた上げると考えて買うのは非常にリスクが高い。

買う時には上昇相場で買うことだ。好みの銘柄が下げたら、苦労して得た資金を投入する前に、再び上げ始めるまで待たなければならない。

私は下げている銘柄は絶対に買わない。私は常に相場方向にトレードをする。

第4のカギ――いったん、かなりの含み益が生じたら、損益ゼロ以下にしない。

トレードでかなりの含み益が生じたら、損益ゼロの水準を守るか、少なくとも損切りの逆指値を引き上げて、リスクを小さくしたほうがいい」

現代最高峰のモメンタム投資家であるミネルヴィニの言葉には、損失管理・リスク管理に関しての金言が特に多いと思います。そして**私達バリュー投資家には「マーケットの声に耳を傾けず、泰然とし過ぎている」という大きな欠点があります。**我々がミネルヴィニから学べることはたくさんありますね。

さてこれでこの本の紹介は終わりです。ミネルヴィニの2冊目、またしても名著でしたね。未読の方は是非。

出来高・価格分析の完全ガイド

アナ・クーリング［著］、パンローリング・2014年

1. 総論

辛口で知られる監修の長尾慎太郎氏はまえがきの中で、「**〝マーケットは常に操作されている〟という概念モデル**が、結果として彼女を的確な方向へと導いた。

本書のトレード手法は私が若いころに好んで使ったトレード手法の1つとほとんど同じもの。書籍に書かれたことでそれが多くの人の知るところとなったことは少しだけ悔しい気がするが、自信をもってお勧めできる技術であることは疑う余地がない」と激賞しました。

彼女（著者は女性です）の投資手法は、マーケットは常にインサイダー＝大口投資家・マーケットメーカーによって操作されているという前提の下で、**VPA**（Volume Price

Analysis：出来高・価格分析）というテクニックを用いて市場に対峙するというものです。

彼女は言います。

「このテクニックは使われ始めて100年以上たつが、過去の伝説的トレーダー（具体的には**ジェシー・リバモアなど**）は全員がこのテクニックを使ってきた。にもかかわらず、今日ではこの非常に効果的な分析テクニックを無視する（あるいは知らない）トレーダーが多い。

VPAはとてもパワフルで、いろいろな意味で〝理にかなっている〟。

VPAはどんな市場にも、どんな時間枠にも適用でき、どんな投資対象にも使える」

「**出来高は隠すことができない**」。超名言です。

さて、私自身はコテコテのファンダメンタルズ派のバリュー投資家であり、いわゆるテクニカル分析を実際の投資で使用することはほとんどありません。ただ著者がこの本の中で提唱している「チャートと出来高を組み合わせて考える**VPA＝出来高・価格分析**という概念」は、確かに実に〝理にかなっている〟と感じる部分があります。

そしてもう一点、今まで数百冊の投資本を貪り読んできた、そして既に大抵の投資理論では眉一つ動かすこともない〝真正ジャンキー系投資家〟であるこの私にとっても、**この本の読書体験は極めて新鮮だった**ことを正直に告白しておきます。バリュー系、テクニカル系を問わず、また短期・中期・長期を問わず、ありとあらゆるタイプの投資家にとってこの本は、斬新で鮮烈な知的興奮を与えてくれると思います。

さてまずはこの本の目次を眺めましょう。第4・5・6・9章の出来が良く、中でもVPAの真髄を解説した第5章が飛び抜けて素晴らしいと思います。

2. アキュミュレーションとディストリビューション

さて著者の考え方によると、マーケットは常にインサイダー（マーケットメーカーや大口投資家）によって操作されており、具体的には、**1. アキュミュレーション（買い集め）**、**2. 買いのクライマックス**、**3. 試し**、**4. ディストリビューション（売り抜け）**、**5. 試し**、**6. 売りのクライマックス**、というサイクルを辿ります。そしてインサイダー達はニュースの流れによって生み出される絶え間ない恐怖と貪欲を利用して市場を操作しています。ただそんな賢い彼らにもどうしても隠せないものがあります。それが〝出来高〟です。

以下、具体的に図示しましょう。

買いのクライマックスでは、出来高の増加と共に、「ハンマー」と呼ばれる実体が小さく下ヒゲが長いローソク足が出現する、としています（図表「買いのクライマックス」参照）。

逆に売りのクライマックスでは、出来高の増加と共に「流れ星」と呼ばれる実態が小さく上ヒゲが長いローソク足が出現する、としています（図表「売りのクライマックス」参照）。

出来高・価格分析は〝アートの一種〟なので、**この〝形〟を頭に焼き付けて覚えておくこと**がとても大切なんですね。

図表　買いのクライマックス
――イベントの最後に打ち上げられる花火

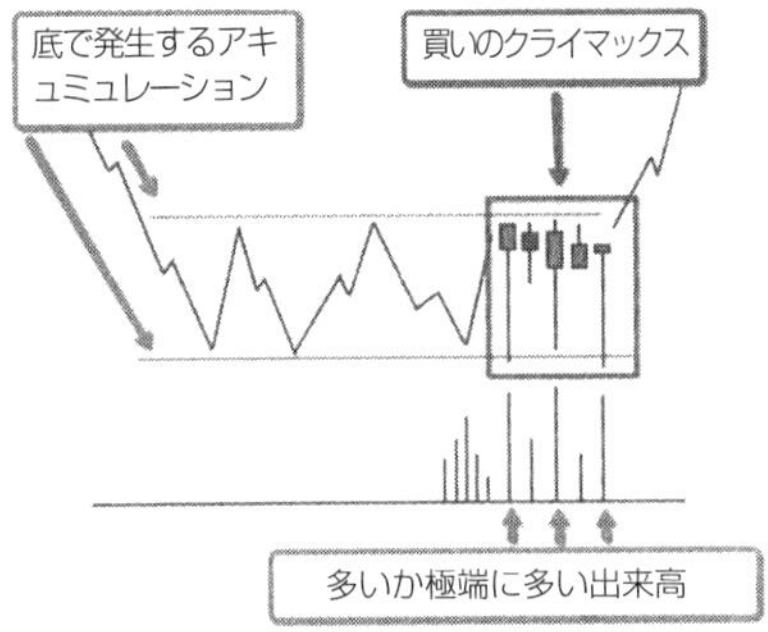

図表　売りのクライマックス
――イベントの最後に打ち上げられる花火

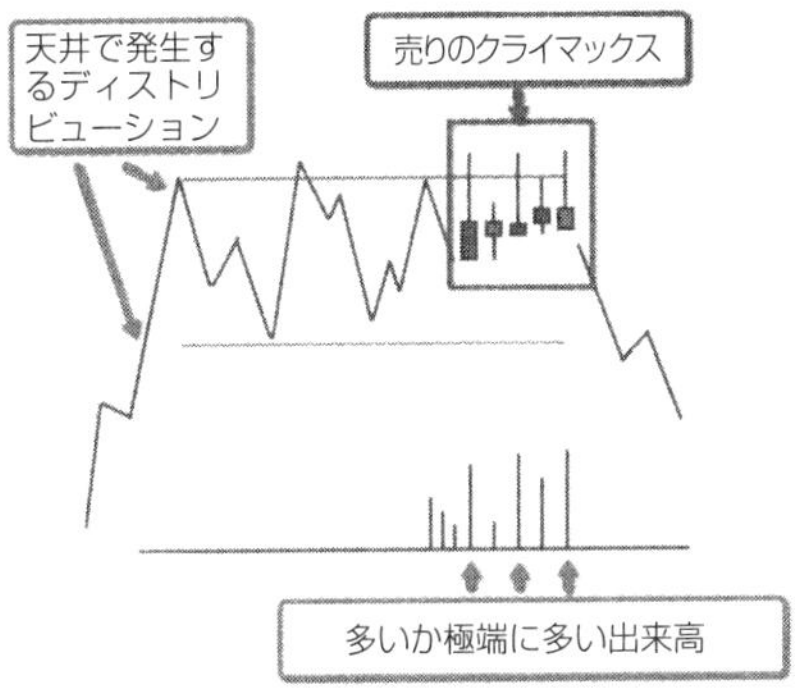

そして同時に確かに、**出来高は絶対に隠せない**んですね。これは素晴らしい視点だと思います。

またもう1点、痛烈に印象的だったことは、〝表面的にセリング・クライマックスに見えるところは実際にはインサイダー（大口投資家・マーケットメーカー）によるバイイング・クライマックスであり、逆にパッと見てバイイング・クライマックスに見えるところは、実際にはインサイダーによるセリング・クライマックスである〟ということでした。**まるで逆**、なんですね。

3. ストッピングボリュームとトッピングアウトボリューム

今回は非常に出来高の良い第6章から、特に印象的だったところを紹介しましょう。

図表　ストッピングボリューム

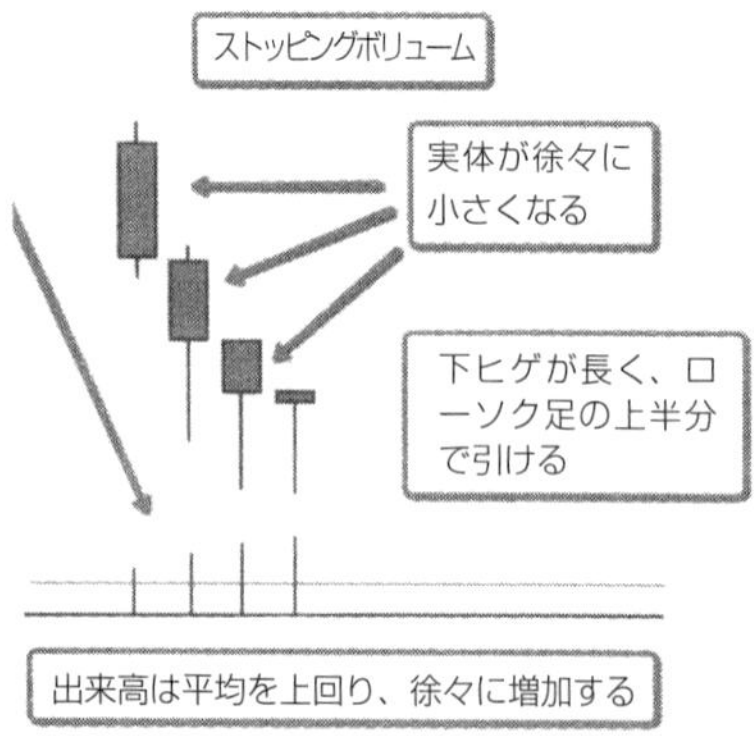

図表　トッピングアウトボリューム

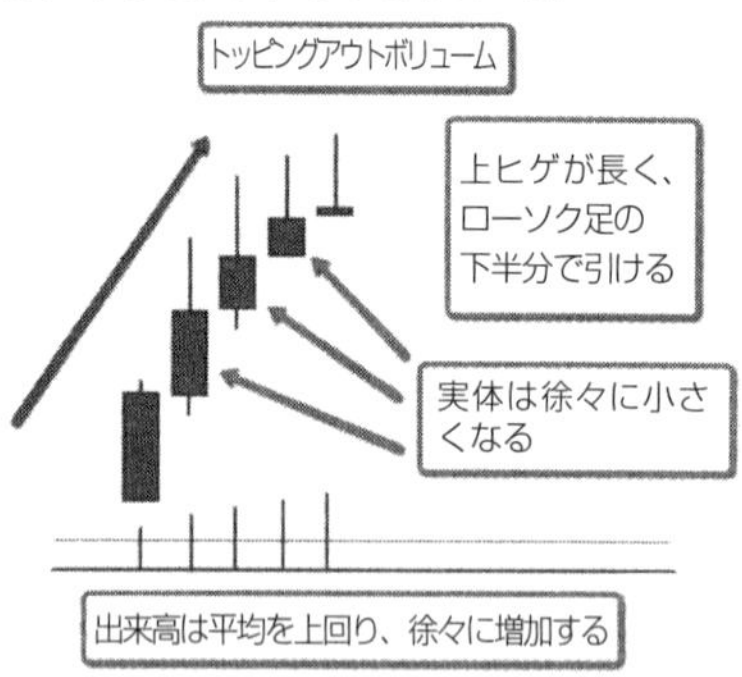

具体的にはストッピングボリュームとトッピングアウトボリュームについてです。

「ストッピングボリュームは、インサイダーによってブレーキがかけられたときの値動きを表すもの。

市場はオイルタンカーのようなものだ。いきなり反転することはない。

市場は勢いを持ったスーパータンカーのようなもので、ブレーキがかけられても反応するまでに時間がかかる」

「トッピングアウトボリュームは市場が上昇トレンドに乗って上昇したあと天井を付けることを意味する。

前にも言ったように、市場はいきなり止まって反転することはない。市場は勢いを持っているからだ」

非常に実践的でいい話ですね。実際の日々の闘いの中で非常によく遭遇する局面を、図説化して分かりやすく解説してくれていると思います。

さて名残惜しいですが、そろそろ総括です。この本は、**市場はすべてインサイダーによって操作されているという〝偏光メガネ〟を掛けた特殊な異形の視点で全編が綴られている**のですが、〝常に少数派が勝つ〟という普遍的な特徴があるマーケットでは、独特で風変わりな視点から市場を眺めて戦うことには大きな意義がある、と私は考えています。

実際、「優待バリュー株投資」というトリッキーでビックリ箱的な眼鏡をこの16年間掛け続け、自らが編み出したオリジナルかつ不可思議な視点に特化して戦ってきた私は、対ＴＯＰＩＸで見て圧倒的な好成績をここまで収めることができました。

もちろんこれには幸運の助けが大きかったのは厳然たる事実ですが、決してそのすべてが偶然という訳ではない、**マーケットに対して理に適い、そして同時に独自の確固たる視点で対峙することには素晴らしい付加価値がある、**ということを実感させてくれる印象深い名著です。

第3章

インデックス投資のための２冊

第3章 序

この章ではインデックス投資に関する名著2冊をご紹介します。「オールタイムベスト第1巻」では、バートン・マルキールの『ウォール街のランダムウォーカー』と、チャールズ・エリスの『敗者のゲーム』という〝インデックス投資の歴史的金字塔〟となる2冊を紹介したわけですが、今回は、1975年に世界初のインデックスファンドを創設した、バンガードグループ設立者のジョン・C・ボーグルによる『インデックス投資は勝者のゲーム』（旧訳書『マネーと常識』、2007年・日経BP）を紹介します。彼の〝インデックス投資愛〟に溢れた、熱狂的な一冊です。

この本を読むと、なぜアクティブファンドがインデックスファンドに勝てないのかがはっきり分かります。単純にコストが高いからです。年間2・5％ものコスト差があり、しかもそれが毎年毎年積み重なっていくわけなので、ある意味、勝ちようがないのです。

そしてここから導かれる結論は単純です。〝自分でやればいい〟のです。自分でやれば年間コスト0で戦えます。インデックスファンドの年間コストが0・2％ですから、それよりも有利に戦えるわけです。つまり、正解は「アクティブ個人運用」ということですね。

さてこのボーグル本からは、インデックス投資の素晴らしさと同時にそれを上回るためのヒントをたくさん手に入れることができます。それは端的には、バリュー（割安）株効果、小型株効果、モメンタム（勢い）効果、パクリュー（凄腕投資家のポートフォリオからパクる）効果などの、「マーケット平均を上回るやり方であることが統計的に証明されているやり方」を組み合わせて、集学的に戦うことです。

インデックス投資の数少ない欠点を知ることによって、われわれアクティブ投資家は自らの投資手法をより改善することができます。そしてだからこそ、私たちはインデックス投資についても深く学ばなくてはならないんですね。

さて次は趣向を変えて、『投資家のヨットはどこにある？』を紹介します。なんだかとぼけたタイトルですが、中身は第一級の投資本です。１９４０年に書かれた古い本ですが、投資におけるコストの重要性を指摘し、『ウォール街のランダムウォーカー』の先駆的な存在と称されることもあります。またこの本は、ウォーレン・バフェットが、「誰もが読むべき19冊」に挙げたことでも知られています。隠れた名著ですね。

インデックス投資は勝者のゲーム

ジョン・C・ボーグル〔著〕、パンローリング・2018年

1．総論

著者のボーグルは、１９７４年にインデックス運用会社バンガードグループを設立し、翌１９７５年に世界初のインデックスファンドを創設した人物です。そして１９９９年にはフォーチュン誌が「投資業界における４人の巨人」の一人に挙げたこともある、まさに〝インデックス界の聖人〟です。

そのためこの本は、**インデックス投資家にとってのバイブルの一つ**ともなっています。残念ながら、『マネーと常識』（林康史・石川由美子訳、２００７年・日経ＢＰ）は絶版となってしまいました〔２０１８年に『インデックス投資は勝者のゲーム』として復刊〕。

今回は、私が愛読してやまない『マネーと常識』について書いた書評を掲載いたします。

ボーグルの〝インデックス愛〟が強すぎて、コテコテのアクティブ投資家である私にはちょっと胸焼けする部分もあるのですが、全体として本当に素晴らしい内容です。それでは次回からはこの本のベストオブベストの部分だけを一緒に見ていくことと致しましょう。

2．インデックスファンドはアクティブファンドよりも明白に優れている

今回はまず、どれほどインデックスファンドがアクティブファンドに較べて優れているのかについてのボーグルの言葉を見ていきましょう。

「1980～2005年の四半世紀に、株式市場のリターン（S&P500で測定）は年平均12・5％だった。この間の平均的な投資信託のリターンは10・0％である。この2・5％の格差は、前述の約3％というファンドのコストを考慮すると、おおむね予想されたものである。単純に言うと、**投資という食物連鎖の頂点に君臨するファンドマネジャーが、金融市場のリターンから過剰な取り分を手にしている**のである。

インデックスファンドに投資していれば、同じ期間に年間12・3％のリターン――12・5％の市場リターンからわずか0・2％のコストを差し引いた分――を得ることができた。これは、平均的なファンドを年間2・3％も上回るほどの優れたリターンである」

図表「インデックスファンドとアクティブファンド」を見てください。圧倒的な差ですね。**コスト構造が極めて不利なアクティブファンドは、〝ほぼインデックスに勝てない〟**というこ

図表　インデックスファンドとアクティブファンド　出所＝『マネーと常識』より引用

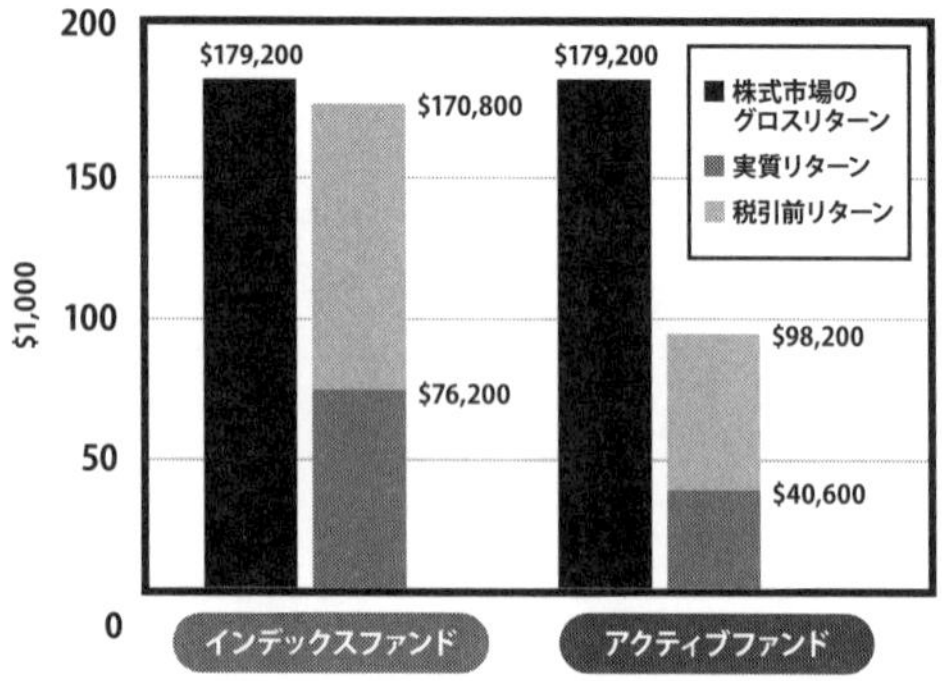

注：すべての配当とキャピタルゲインを再投資した場合

とがよく分かります。ちなみにボーグルによると、「インデックスファンドとアクティブファンドの総コストの格差は年間２・５％にまで拡大している」とのことです。

「リターンに関しては、時間はあなたの味方である。しかし、コストに関しては、時間はあなたの敵である」

年間２・５％のコストの差があると年月の経過と共にどれほどリターンに差がつくのかが一目瞭然ですね。

「前もって勝利のファンドを選択するのは、思ったよりずっと難しい。

長期にわたり勝ち続けてきたファンドの記録を検証することから始めよう。『図表　勝者と敗者と落伍者』は、１９７０年までさかのぼり、当時存在していた株式ファンド３５５本の36年間の記録を示している。まず、何よりも驚かされるのは、これらファンドのうち２２３本のファンド——約３分の２——がすでに償還されているということである。

図表　勝者と敗者と落伍者　　出所＝『マネーと常識』より引用

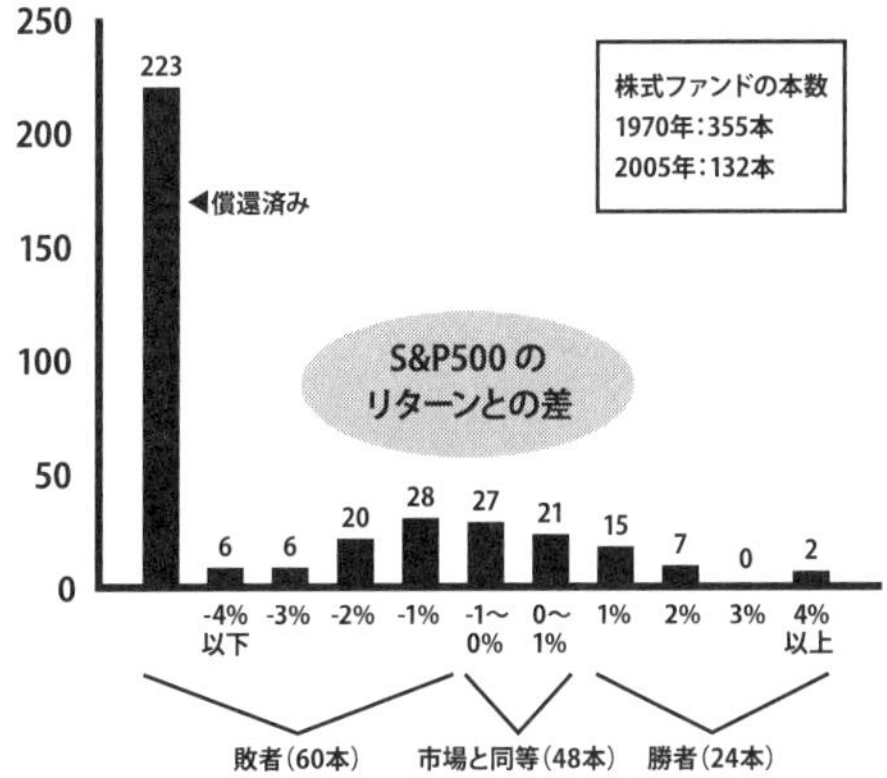

ファンドが償還される理由は多くあるが、まともな理由は少ない」

「どのようなケースであれ、一貫して成功する株式ファンドを保有できる確率は100分の1以下である。単純な事実は、長期的に株式市場を上回る成績を残す投資信託を選ぼうとすることは、〝干草のなかの針を見つけようとするもの〟である。だから私は『ボーグルの結論』として次のように記しておこう。〝干草のなかの針を見つけるような無駄なことはするな。ただ干草を買えばいい〟」

「もちろん、干草というのは株式市場の全銘柄であり、それは低コストのインデックスファンドを通して入手可能である。インデックスファンドのリターンは、前述のような35年間の競争に参加した355本のファンドの内346本のリターンを上回るか、おおむね一致した」

いやあ、説得力のあるいいデータですね。ここから私達アクティブ投資家にとって得られる結論は非常に単純です。

1．アクティブファンドは年間のコストが平均して2・3％も高いので、長い期間で見ればその大多数はインデックスファンドには勝てない。

2．インデックスファンドを上回るには、コスト0で戦える「アクティブ個人運用」しかない。つまり、自分自身で裸一貫で頑張るしかない。

3．コストは確実にかつ大きくパフォーマンスを蝕む。なので無駄な売買は極力避け、ポートフォリオの回転率を下げて〝ゆったりのんびりまったり戦う〟ことが大切である。そして同時に、第1巻で紹介した『ダンドーのバリュー投資』で著者のモニッシュ・パブライが述べたように、〝厳選した少数に賭ける、大きく賭ける、たまに賭ける〟ことが肝要である、ということなんですね。

3．すべてのインデックスファンドが同様に作られているわけではない

「勝ち残るファンドを選ぶことは、どうしてこれほど難しいのだろうか。それは、運用成績は気まぐれだからなのである。（その一方で）コストは永続する」

「ここに示す例は、インデックスファンドのコストが年間0・25％、アクティブファンドのコストが年間2％になると想定している（実際にはインデックスファンドのコストはもっと低く、典型的な株式ファンドのコストははるかに高いので、われわれは、アクティブ運用のファンド

図表　アクティブ運用ファンドがインデックスファンドに勝つ確率

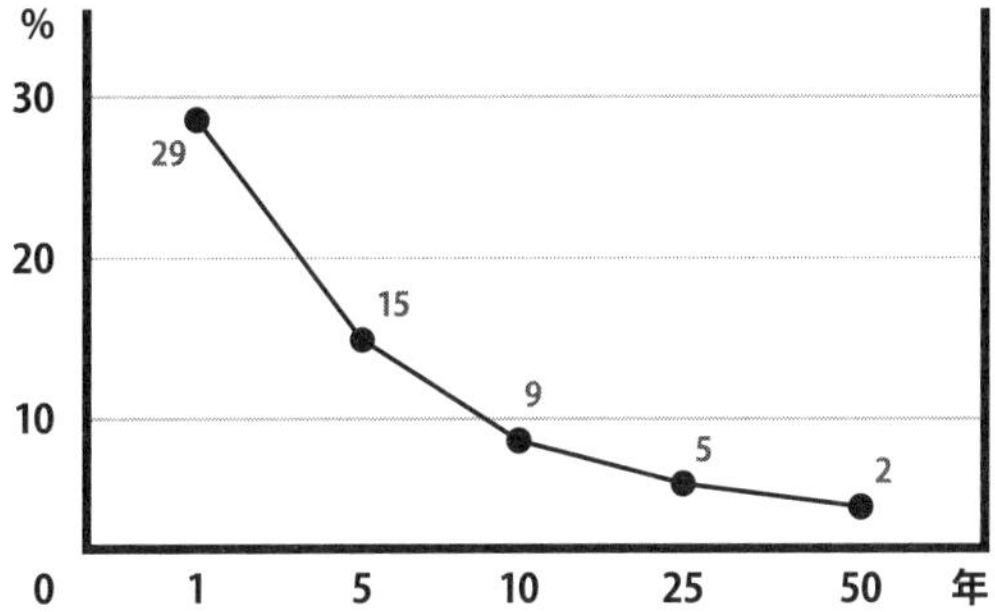

出所＝『マネーと常識』より引用

に非常に有利になるように計算している）」（図表「アクティブ運用ファンドがインデックスファンドに勝つ確率」参照）

このシミュレーションを見ると、50年間で見るとインデックスに勝てるアクティブファンドは僅かに2％！　となります。これほどまでに〝**コスト**〟**の影響は大きい**んですね。

「インデックスファンドが追い求めているのは〝倹約という帝国における単純さという魔法〟なのである」

投資の世界では、単純（シンプル）であること、堅牢（ロバスト）であることは極めて大切です。その究極のカタチがインデックスファンドであることは間違いないですね。

「もう一つ重要なのは、**すべてのインデックスファンドが同じように作られているわけではない**ということだ。

経費率が極めて低いファンドもあれば、良識を逸脱するほど高い経費率のファンドもある」

確かに凄い差がありますね。この「インデックスファンドの中にも筋悪な商品がある」という事実は、ちょっとした盲点だと思います。ちなみに、銀行のカウンターに座っ

図表　S&P500インデックスファンドのコスト比較　出所＝『マネーと常識』より引用

低コスト上位5ファンド	年間経費率（%）	販売手数料を含めた経費率（%）
1. フィデリティ・スパルタン*	0.07	0.07%
2. バンガード・アドミラル*	0.09	0.09
3. バンガード（レギュラー）	0.18	0.18
4. USAA	0.19	0.19
5. Tロウ・プライス	0.35	0.35
高コスト上位5ファンド ＊＊	**年間経費率（%）**	**販売手数料を含めた経費率（%）**
1. UBS	0.69	1.45%
2. モルガン・スタンレー	0.64	1.40
3. ウェルズ・ファーゴ	0.64	1.39
4. エバーグリーン	0.56	1.31
5. JPモルガン	0.53	1.30

＊　投資額が最も低く、保有期間が最も短い証券クラスの場合
＊＊　5％程度の販売手数料を最初に支払うと経費率が低下する場合がある

て、綺麗なお姉さんを見て鼻の下を伸ばしながらお勧め投資信託を聞くような〝教科書的で懲罰的なカモネギ行動〟を取ると、高い確率で「経費率の非常に高いインデックスファンド」が魔法のように出てきます。実に不思議ですね♪。

4．ファンダメンタル加重型インデックスは時価総額加重型に勝つ

今回はこれまでと趣向を変えて、アクティブ投資家として〝インデックスファンドに勝つための方策〟をボーグルの本から考えてみましょう。

「S&P500に対しては、次のような問題点が指摘されることもある。バブル真っ盛りのころ、JDSユニフェースやヤフーといった〝ニューエコノミー〟銘柄を、株価が急騰して暴落する直前という最悪のタイミングで組み入れたため、成長

バイアスを取り込むことになったというのである。この批判には一理ある」

ちなみに、ボーグルがインデックスファンドとS&P500の弱点について言及したのは、全ページ中でここだけです。インデックス愛が強いボーグルも、この弱点だけは認めざるを得なかったということでしょう（笑）。

そしてこの〝インデックスファンドの弱点〟については、名著『バリュー投資』（日経BP・2007年）の中で著者のクリストファー・H・ブラウンも、「比較的少数の人気銘柄の過剰な動きがS&P500指数のリターンをゆがめてしまう。時として、インデックスは堅実な投資先とは言えなくなる」と指摘しています。

それではボーグルの言葉に戻りましょう。

「最近になると、新顔の参加者が加わってきた。市場に打ち勝つインデックスを創設できると心から信じている金融起業家たちだ。おもしろい！

この新手のインデックス運用信奉者は、ファンダメンタル要因と呼ばれるものによってポートフォリオを加重することに重点を置いている」

このファンダメンタル加重型のインデックスが、一部の人気化した割高銘柄の影響を必然的に受けてしまうピュアな時価総額加重型のインデックスの欠点を改善することができるのは我々アクティブ投資家には〝自明の理〟なのですが（というか、だからこそ私達はアクティブ投資家なのですが）、インデックスファンドの始祖であるボーグルはそれが非常に気に入らないようで、

「夢を退け、常識を引き寄せ、標準的なインデックスファンドが示す、良い計画を貫くべきである」と述べています。

私はこのボーグルの言葉は全く納得できないですし、正直ちょっと何を言っているのかもよく分からないです。なぜなら、**ファンダメンタル加重型のインデックスが標準的でピュアなインデックスを上回る成績を上げられることには多くのエビデンスがある**からです。

＊

少し脱線しますが、ジェレミー・シーゲルの名著『株式投資 第4版』（２００９年・日経ＢＰ）からいくつかのデータを引用してみましょう。

「図９－２　Ｓ＆Ｐ５００構成銘柄の配当利回りと投資利回りの関係（１９５７～２００６年）」を見れば、配当牽引型グループがＳ＆Ｐ５００を上回ることが明白です。

また「図９－４　Ｓ＆Ｐ５００構成銘柄のＰＥＲ別の利回り（１９５７～２００６年12月）」によれば、低ＰＥＲ牽引型グループもＳ＆Ｐ５００を上回ります。

そして極め付きは「表９－５　規模別とＰＢＲ別に分類した25グループの年率複利利回り（１９５８年１月１日～２００６年12月31日）」と「図９－５　最も規模が小さなグループにおける割安株と成長株の利回り格差（１９５７～２００６年12月）」です。低ＰＢＲ＋小型牽引型グループはＳ＆Ｐ５００を圧倒的に凌駕することがわかります。

以上の図表については、https://plaza.rakuten.co.jp/mikimaru71/diary/201708160000/ を参

照ください。

私達バリュー系のアクティブ投資家は上記のシーゲルのデータ等に依拠して毎日を戦っているわけでもありますし、それで概ね対インデックスで良好な成績を収め続けることができているわけです。「**ピュアな時価総額加重型のインデックスには大きな欠点がある**」のは明白と思うんですけどね。

＊

いずれにせよ、このボーグル本が傑作であることに間違いはありません。そしてこの本と同じボーグル著で、『インデックス・ファンドの時代』（２０００年・東洋経済新報社）もより骨太で本格的な、お勧めの一冊となります。興味のある方は是非。

投資家のヨットはどこにある？

フレッド・シュエッド・ジュニア［著］、パンローリング・2010年

1. 総論

この本は**1940年**に書かれました。そして著者のフレッド・シュエッド・ジュニアが独特のユーモアと皮肉のセンスを持って描いているのは**1930年代のウォール街の人々**の姿です。そして監修者の岡本和久氏は「まえがき」で以下のように述べています。

「〝投資家は、投資という巨額のコストがかかる食物連鎖の底辺に置かれて、食い物にされる〟個人投資家に適切な指針を与えるという意味でいえば、本書はかの名著『ウォール街のランダム・ウォーカー』〔第1巻参照ください〕の先駆的な存在であるということもできよう」

インデックス投資家の〝バイブル〟としてあまりにも著名な『ウォール街のランダム・ウォーカー』に匹敵するかどうかはともかく、この本には、約80年前に書かれたという古さをほと

んど感じさせない不思議な魅力があります。時が流れても株式市場も人間心理も決して変わらない、ある意味では進化していないからでしょうね（笑）。

さてこの本は金融業界の人々を痛烈に風刺したウォール街の名作として知られています。特に以下の一節はあまりにも有名ですね♬

「昔々のものがたり。

おのぼりさん一行が、ニューヨークの金融街を見学させてもらっていた。

一行がウォール街にほど近いバッテリーパークへやって来ると、ガイドのひとりが停泊中の素晴らしいヨットの数々を指さして言った。

『ごらんください。あそこに並ぶヨットは、みな銀行家やブローカーのものですよ』。

気のきかない田舎者がこう聞いた。

『お客のヨットはどこにあるのかね？』」

お分かりですか？　長い年月を経た今でもこの構造は全く変わっていないですね（笑）。

「このジョークは、投資の世界ではリターンが不確実であるのに対して、コストが確実にあることを的確に象徴したものだ。著者シュエッドが見抜いた金融業界の真実は、今も昔も驚くほど変わらない」

それでは次回から、シュエッドが描く１９３０年代の〝素敵なウォール街の景色〟を少しだけ一緒に見ていくことと致しましょう。

2. 自分のものではないものを売ったのだ。買い戻さなければ監獄行きだ

この本は全体が数ページの読みやすいコラムが連なる形で構成されています。今回から2回に分けて特に面白かったところをピックアップしてお届けしましょう。

「たとえ顧客の質問が難しくても、ウォール街の人間は間違いなく微に入り細にわたった答えを出すだろう。その回答が、あらゆる回答の中で最も困難なもの――『分かりません』――であることはめったにない。

金銭的な理由で間違いなく言えるのは、相場について予測をすればするほど、商売が増えて、仲介手数料も増えるということである」

現代日本でも、マーケットストラテジスト、エコノミスト、アナリストという肩書の方々は〝業界の花形〟的な存在であり続けています。彼らはどんな未来でも〝そうめん流し〟の如くに滑らかに雄弁に語ってくれますが、その言葉が結果的に真実であった確率は私の見るところではほぼ50％です。それではどうして彼らはこれほどまでにおしゃべりなのでしょうか？

「米国人は、信用取引をすごく魅力的な、ちょっとした発明だと思っている。信用取引は〝自分の家を手に入れたら何をさておき、引っ越す前にでもすべきことは、その家を抵当に金を借りることだ〟という米国人の思考原理に通じるものがある。

人生における豊かな情緒的体験すべてに通ずるように、貴重な金を失うということの深い意

味は文字だけでは伝えられない。

　ボードビリアンのエディー・カンターが何年か前に次のように表現していた。〝あいつらはこの株を買って老後に備えろと言った。それは驚くほどうまくいった。その株を買って1週間で、おれは老人になっちまった〟」

　アベノミクス下で良好な相場環境が続き、多くの新しい投資家が市場に参入し続けています。カジュアルにそして大胆に信用取引を行い、レバレッジをかけて大きな利益を上げ続けている〝新時代の勇敢なガンマン〟がたくさんいます。とても眩しくて、キラキラと輝いていて素敵です。でも私は10年前にも意気盛んな彼らを確かに見ました。そして10年後の今、〝顔ぶれの変わった彼ら〟が相変わらず市場で元気に過ごされているんですね。

「追証を請求する電話がかかってきたときにできることはいくつかある。しかし、ろくなものはひとつもない。

　第二の方法は、お金を集めて、それを送るというものだ。この方法は〝無駄な抵抗法〟という名前で知られる。この方法はうまくいくことが多い。だが、自殺者がよく使う方法でもある」

　前にも言ったようにこの本が執筆されたのは1940年です。でも不思議ですね、現代日本でも年に数回は、これとほとんど同じような話を聞くのです。

「空売り稼業は、悪事ではない。だが、実にひねくれた、自然に反した行為である。**株の空売りをするには、いつも奥深い心理的抵抗を乗り越えなければならない。**

空売りしたとたん、その顧客はとてもいやな気分になり、その気分は株を買い戻すまでずっと続く。そして、株を買い戻したとたん、儲けたか損したかに関係なく、いやな気分は消える。自分のものではない株をだれかから借りているというのは、気分の良いことではないのだ」

「そういう感覚が出てくる原因のひとつに、あの不朽の古典的2行詩（19世紀米国の大投資家で資本家のダニエル・ドリューの発言）があると思う。

『自分のものではないものを売ったのだ。
買い戻さなければ監獄行きだ』

これを聞いた投機家で忘れることのできる人はいない」

このシュエッドの言葉は、「空売りの問題点」を端的にかつ鮮やかに示しています。空売りには**極めて大きな心理的な負担**があります。そしてそれは実に当然です。〝理論的に損失が無限大∞＆投資家としての物理的な限界を超えて死に至る〟可能性がある投資行動であり、生物としての〝生存本能〟に完全に反する極めてハイリスクな行動だからです。

なので私は決して**個別銘柄の空売り**はしません。そんなことをしたら、投資家として毎日をご機嫌で朗らかに楽しく過ごすことができなくなってしまうからですね。

3．投資と投機の違いは何か？

今回も、80年の時空を超える、シュエッドの金言を見ていきましょう。

「古き良き時代には〝偉大なる投機家〟が何人もおり、武勇伝が少なからずいまに伝えられている。基本的現実を把握する能力の欠如は、小物か大物かにかかわらず、投機家に共通する顕著な精神的欠陥である。

投機家は治療不能なロマンチストであり、たいていうぬぼれが強い。頭の回転が早く、活動的で、機知に富み、抜け目がないかと思えば、抜けていたりする」

最後の一文は、完全に自分のことでした（滝汗）。シュエッド先生、すいませんでした。今回から、もっともっともっと謙虚に市場で戦っていこうと思います。

「英語で最もいいかげんな使い方をされている代名詞を選ぶとしたら、私は〝彼ら（they）〟を指名する。

この用法はウォール街でも盛んに行われている。〝彼らは銅を買いあさっている〟〝彼らが利食いをしている〟〝彼らはクライスラー株を額面まで下げようとしている〟〝彼らは共和党が選挙に勝った後までこの相場が続くのを黙ってみちゃいない〟などなど」

現代日本だと、彼らは〝筋〟と呼ばれます。より厳かに〝資金筋〟と称されることもあります。シュエッドの言葉の続きを見ておきましょう。

「ここ10年間は偉大なる投機家や相場師はひとりも現れていない。ところが、〝彼ら〟の使用は衰えを見せていない。となると、〝彼ら〟というのはいまでは悪魔でしかあり得ないということになる。

投資と投機は別物だと言われる。そして、どちらか一方だけを実行して、もう一方には手を出さないのが賢明な人間のやることだとアドバイスされる。これは悩める若者に〝恋と情欲は別物だ〟と説くのに似ている。

投機は、少ない金を大金にしようとする、たいていは失敗する試みである。

投資は、大金が少ない金になるのを防ごうとする、成功するはずの試みである」

太古の昔から多くの投資家が、投資と投機の違いが何か？　について議論を交わしてきました。そして私もそんな〝彼ら〟の多くの言葉をさまざまな書籍を通じて読み続けてきました。

ただ個人的には自分の中ではもう何年も前にこの問題は〝すっきりきっぱりくっきり〟解決しています。それは尊敬するスイス人投資家マックス・ギュンターの以下の言葉を読んで「その通りだな」と得心したからです。

「（投資と投機には）実際には、何ら違いはない。率直に話すジェラルド・ローブが言い表したように、**すべての投資は投機である。唯一の違いは、ある人はそれを認め、ある人はそれを認めないことだ**」

さて、これでこの本の紹介は終わりです。80年という時空を超える不思議な魅力に満ちた、〝全然古くない〟素晴らしい一冊です。未読の方は是非。

第4章
『マーケットの魔術師』から広がる世界

第4章序

市場で長年戦っていれば、誰でもいつかは傷つき、壁にぶち当たり、思い悩みます。その時『マーケットの魔術師』シリーズに導かれるようにたどり着く投資家も多いと思います。本書の第1巻では同シリーズ全7作を徹底解説しました。この章では、そこから一歩進んで、シリーズに登場したマーケットウィザード達の自筆・他筆による超名著を紹介します。

トップを飾るのは、『マーケットの魔術師シリーズ』第1作である通称「青本」に登場しているチャンピオントレーダー、マーティン・シュワルツ自筆の『ピット・ブル』です。この本の真価は、「負けた時にどうすればいいのか?」を教えてくれることです。

私は2016年に、当時ポートフォリオ1位の超主力株として戦っていたブライダル銘柄の2196エスクリに超絶下方修正が出て株価が超暴落し、過去最大となる数千万円に及ぶ大損失を出しました。数日間はまともに眠ることもできず、常に胃液が喉元にこみ上げてきて、心も視界もブラックアウトして何も考えられない状態でした。暗闇での数日間を過ごした後に最初に手に取ったのが『ピット・ブル』でした。

そして、シュワルツの「ダウンしても10カウントを待たずにまた立ち上がらなくてはならない」という力強い言葉を読んで我に返り、ガクガクの膝を抱えて震えながら何とか立ち上がり、エスクリ事件を総括するブログ記事を致命傷を受けてから1週間以内に書き上げて立ち直ったのでした。この再起は著名投資家WWW9945さんに称賛いただいたのですが、自分が受けたダメージは甚大で、本当はそのままダウンして10カウントを聞いた方がよっぽど精神的には楽だったと思います。でも、この本が本棚にあったおかげで、私は再び立ち上がることができました。投資家最大のピンチを救ってくれたのが『ピット・ブル』だったのです。

次は、1960～90年代に驚異的な成績を上げ、『ヘッジファンドの帝王』として知られたマイケル・スタインハルトの自伝です。S級の投資家はその精神性においても全く普通ではない、いやむしろ完全にサイコパスであるということがよく分かるキレキレの一冊です。また本書の「スタインハルトの4原則」は私も銘柄選択でとても大事にしている視点となります。

最後に紹介するのは、魔術師シリーズ第2作『株式編』、通称「桃本」に登場しているスティーブ・コーエンに関する壮絶なドキュメントです。彼が本当にインサイダー取引をしていたのかどうかに関しては是非本書『ブラックエッジ』を読んでいただければと思うのですが、私がこの本を凄いと思うのは、「ウォール街に手ぶらでやってきて資産1兆円を達成した」伝説のスーパートレーダーの物の考え方が赤裸々に綴られていることです。あらゆる投資家にとって、たくさんのヒントと気付きを得られる傑作と思います。ではお楽しみください。

♛ピット・ブル

マーティン・シュワルツ［著］、パンローリング・2000年

1. 総論

著者のマーティン・シュワルツは、第1巻で紹介した『マーケットの魔術師』にも登場する〝チャンピオントレーダー〟です。

また「9年もの間ファンダメンタルでやっていたが、罫線屋（テクニカル分析）で金持ちになった」との印象深い言葉でも知られています。**投資手法は〝自分の能力と性格に合っている〟ことが何よりも大切**なんですね。

彼にはとにかく名言が多いです。マーケットの魔術師のインタビューの中では他に、「私には苦痛の限界があり、もしそこまで行ったら、あきらめなければならない」という損切りに関する言葉も思い出深いです。

すみません、のっけから少し脱線しました。

実はこの本は自分にとってはとても思い入れのある一冊です。それはこれが〝読むととても元気になる本〟で相場で大負けした時に何度も何度も繰り返し手に取っているからです。２０１６年、私が非常に厳しい状況に追い込まれたときに真っ先に、そして自然に手が伸びたのも本書でした。そしてこの本の良さは読めば誰にでもわかると思います。

まさに〝読むアドレナリン〟。ページを捲るたびに勇気が１００倍湧いてくる素晴らしい傑作なんですね。

あらゆる投資家の書棚の片隅に絶対に置いて欲しい、**珠玉の作品**なのです。それでは次回から、この本のベストオブベストの部分を一緒に味わっていきましょう♬

2．ダウンしても10カウントを待たずに立ち上がらなくてはならない

さて今回からは数回に分けてシュワルツの名言を味わっていきましょう。

「先物売買は、クラップというギャンブルに似ている。ある意味では、トレーダーとして成功を収めるのに絶対必要とされる自己規律を、ラスベガスで身につけることができる」

「大衆とは逆につく私のやり方は周りの反感を買う傾向にあるが、クラップ・テーブルでも立会所でも、**敗者は常に勝者を嫌う**。

ラスベガスでクラップに手を出して覚えたことで、トレーダーとして成功するカギとなる３

つのルールを紹介する。

まず最初のルールは、自分のエゴを捨てることである。相場でもギャンブルでも、精神的にコントロールが利かなくなるようでは、絶対に成功しない。

エゴが絡むとゲームで大損する。

個人の感情を一切捨てて、カジノの胴元になったように顔色一つ変えずに勝負に向かうことが必要」

この「敗者は常に勝者を嫌う」というのは深い言葉だな、と思います。株式市場で頻繁に負けている方を観察すると、何と言うか、「市場で勝つのは卑しいことだ。勝った人は悪いことをしているに違いないんだ。だから別に勝てなくてもいいいんだ」というような**言外の言葉を発しているる**ことが多いように感じるんですね。

「打ちのめされても、決してカウントを八つまで数えられることなく、すぐに立ち上がって戦いに向かった。私は、失敗しても次は成功できると堅くそれを信じている。ダウンさせられ、マットの上でのんびりと横になっているより、相手を倒すチャンスがあるなら、すぐに立ち上がって戦うのが私の生き方」

そして私がシュワルツの言葉の中で最も気に入っているのがこれ。

〝ダウンしても10カウントを待たずにまた立ち上がらなくてはならない〟という彼の闘志溢れるメッセージが、市場で大負けした時にいつも私を勇気づけ、再起するための力を与え続けてくれました。

「突如、私は37歳にして、億万長者に成り上がった。ここまで来られたのは、今までの努力が実ったからである。自分の性格に合った売買スタイルで、新しく発見した相場の動きをうまくとらえることができたからだ。

もちろん、私は運にも恵まれていた。しかし、これもすべてハードワークのおかげだ」

シュワルツは9年間もファンダメンタルで戦いましたがうまくいかず、その後テクニカルに転向したことで圧倒的な成功を収めることができました。なぜならそれが〝彼の能力と性格〟によく合ったやり方だったからです。

私達が彼から学ぶべきことは、

1．投資法は理に適っていて、かつ自分自身の性格と能力にジャストフィットしていなくてはならない。

2．さらにそれを前提として、極限までの努力を重ねることが大切である。

ということなんですね。

3．負けた時にはどうすれば良いのか？

「負けが続いたときは、損切りするだけでなく、自分のエゴを切り捨てることだ。私はラスベガスでクラップに賭けているときに、このことを学んだ。**資金をしっかり管理することが大切だ。**

連敗を止める最良の方法は、賭けを止めることだ。

一歩、相場から離れ、呼吸を整えてからまた参戦する。相場はいつでも、トレーダーを待っている」

「そして、**取引枚数を少なめにして、売買を再スタート**する。また、一発ですべてを取り戻そうと考えないことだ。

重要なことは、自信を取り戻すまで投資資金を危険にさらさないことだ。

誰でも負ける。そして、その負けが続くのを経験する」

この本が素晴らしいのは、**負けた時にどうすればいいのか？ という難題に対する答えを分かりやすく、かつ心に染みる形で教えてくれる**ところです。こんな本って、本当に滅多にないんですね。

「トレーダーが持つことのできる最大の武器は、〝損切り（ストップロス）〟である。

しかし、この最強の武器を使いこなすのに、困難さを感じるトレーダーも多い。

損切りは、自分の非を認めなくてはならないので、実行に移すのが非常に難しい。しかし、相場の世界で、損は付き物だ」

「アマチュアの典型的な行動パターンは、プランを完全に立てることがないまま、取引に手を出す。彼らは利益目標を持っているだけで、損については全く何も考えていない。車のヘッドライトの光を目にした瞬間、凍り付いてしまう鹿のようなもので、死を待っているのみだ。

損切りは、自己資金を守るための投資なのだ。墓穴を深く掘らないようにして、すぐにそこから這い上がれるようにする。損切りは、自動的にトレーダーを相場から引き離し、ニュートラルの状態に戻してくれる。損が拡大すると、自然と目標を失い始める。損切りをすることで、頭の中が瞬時に整理でき、目的の再確認も可能になる」

ふー、素晴らしいですね。シュワルツの言葉は常に率直でかつ真実を突いています。損失が拡大すると投資家はIQ（頭の知能指数）もEQ（心の知能指数）も大きく下がってしまい、クルクルパー&ピヨピヨのとても危険な状態となります。そこから抜け出すには〝**徹底的な損切り**〟以外にはないんですね。

4. 儲けたお金を使うことが、今までの努力が報われる1つのあかし

最終回は前回までとは視点を変えてもう1つだけ。

「大成功を収めたトレーダーの多くは頂点に立つまでその成功を味わうことがない。中には、何も得ることなく終わるトレーダーもいる。

私自身、権力には全く興味がない。また最終目的が何であれ、それを**達成する過程で、何らかの報酬を得たい**と思っている。だから、稼いだおカネを存分に使うことには抵抗がない。S&P指数先物というマネーマシーンを手にした今、いつでもおカネは稼げる。

ビーチハウスが欲しければ、それを手に入れる。**儲けたお金を使うことが、今までの努力が報われる1つのあかし**である。それに、**自分がどれだけ稼いだか他人に見せびらかすことも喜びに感じている**」

シュワルツが明け透けな物言いで述べているのは、〃お金を使うことの大切さ〃です。私達投資家はみんな市場でお金を稼ぐことには大変熱心ですが、手に入れたお金はまたマーケットに再投資するのみで、実生活では〃異常なほど、病的なほどに質素〃という方が散見されます。

私はこれはおかしいと思っています。市場で大きく稼いだら、少なくともその一部で自分や家族に素敵なご褒美を上げることは理に適っていますし、さらにそれが市場で頑張って戦い続けるための〃大切な燃料〃になるとも思っています。

さて、これでこの本の紹介は終わりです。「現代のジェシー・リバモア」とも称される、アドレナリン全開の楽しいシュワルツ節を（笑）是非、皆さまもご堪能下さい。

ヘッジファンドの帝王

マイケル・スタインハルト［著］、パンローリング・2006年

1. 総論

マイケル・スタインハルトは、永遠の名著『マーケットの魔術師』にも登場している著名ファンドマネージャーであり、その抜群の成績とヤバくてキレやすい激しい性格で有名です。

またスタインハルトの父親は〝ほとんど99・7％くらい裏社会の住人〟で宝石の故買で財を成したギャンブラーだったのですが、この本は**父と息子の物語として読んでも秀逸**です。

ただ今回はあくまでも投資本として、スタインハルトの投資家としての側面だけに光を当てて紹介することと致しましょう。それでは始めます。

「1967年にわたしとともに投資した1ドルは、わたしが会社を閉鎖した1995年に481ドルになっていた。

スタンダード&プアーズのインデックスファンドだったら19ドルだという」

圧巻の成績ですね。**インデックスを圧倒的に凌駕する成績を上げ続けるファンド・投資家は実在することの一つの鮮やかな証明**となっています。

2.「見ててやるよ」

以下は、大きなミスを犯したポートフォリオマネジャーとのやり取り。

「わたしは激怒し、抑えが効かなくなっていた。事務所から漏れ出す怒号は大変な音量に達していた。そのポートフォリオマネジャーが勇気を奮ってやっと何とかわたしに言った言葉は、『死んでしまいたい』だった。

わたしは冷たく言い返した。

『見ててやるよ』」

出たー。スタインハルト伝説の迷言。

突出した成績を上げ続ける異次元の凄腕投資家は、その精神性も全く普通ではない。いや、むしろ、完全に、サイコパスそのものであることがよく分かる逸話ですね（滝汗）。

偉大で優れた投資家は、異常な熱意をそして極限のアドレナリン放出をどんな環境下でも持続できるわけで、それはつまり〝完全にイッている〟ということなのです（笑）。

3．スタインハルトの4原則

「わたしは次の4つのことを、できれば2分以内に話してくれるのが理想的だと言ったのだ。

1．アイデアそのもの
2．そのことへの一般の見方
3．それに関する彼の独創的な見方
4．それが起こるきっかけとなる事柄

独創的な考えを伴わない場合には、つまり、一般の見方の範囲から出ない単なる手堅い成長性への推奨なら、わたしは普通まったく興味を示さない」

私はこの「**スタインハルトの4原則**」を常に念頭に置いて戦っています。そして、**ポートフォリオの最上位で戦っている銘柄群に関しては、世間一般の見方と自分の見方が異なっていること、かつ自分の考え方に一定の勝率があることを求め、その条件を満たした銘柄を選び抜く**ようにしています。

さてこれでこの本の紹介は終わりです。いやあ、改めて味わい深い良書ですね。未読の方は是非。

ブラックエッジ

シーラ・コルハトカー［著］、パンローリング・2017年

1. 総論

本書は、『マーケットの魔術師　株式編』にも登場する、天才トレーダーの**スティーブ・コーエン**の物語です。彼が率いる世界最大級のヘッジファンドであるSACキャピタル・アドバイザーズが犯した一連のインサイダー取引をめぐる、SACとFBI（米連邦捜査局）やSEC（米証券取引委員会）の激烈な攻防を描いたドキュメントです。

さてこの本はミステリー仕立てとなっており、サスペンス小説として考えた場合にも第一級の面白さがあります。私も読み始めたら止まらず、無我夢中で読み切ってしまいました。

そして投資家としての視点から見た場合にも、間違いなく第一級の投資本と思います。なぜならスティーブ・コーエンは、**手ぶらでウォール街にやってきて、資産1兆円を達成した男**で

あり、**全世界でベストオブベスト、ナンバーワンのトレーダー**だからです。そして、僅かに1800円（パンローリングの本としては格安です）を払いこの本を読めば、「1兆円を稼いだ男」の秘密の大部分を覗き見ることができるのです。これは凄いことではないでしょうか？

さてそれでは次回からは、ストーリーのネタバレは極力避けつつ、私が鮮烈な印象を受けたところだけをピックアップして見ていくことと致しましょう。

2. 心理的な障害を超えられるかどうかが、投資成績を分ける

今回は「第1章　金、金、金」を見ていきましょう。

「〝彼（スティーブ・コーエン）は私が今まで会った中で最高のトレーダーだ〟と、ヘレン・クラークは述べている。〝彼にはビビらずにポジションを維持する能力があった。ポジションを取っても、だれかがパキスタンでバナナの皮に滑って転び、すべてが変わってしまうことがある。それでも彼はけっしておじけづいてポジションを手放したりはしなかった〟」

「コーエンがほかのトレーダーたちよりも賢かったというわけではない。ただ、彼は自分の直観を信じ、即座に行動したのである。〝彼には生来の才能があった〟とグランタルのシルバーマンCEOは述懐する」

コーエン率いるSACが非合法のインサイダー情報をたくさん手に入れることによって長年驚異的なパフォーマンスを上げてきたことは本書を読み通せば明白過ぎる事実ですが、仮にそ

れが全くなくてもコーエンは恐らく遜色ない成績を出せただろうと私は思います。

ある一定以上のマスタークラスの力量がある投資家にとっては、**自らの心理的な障害や欠点を超えられるか？　で一番差が出る**からです。そして、トレードとリスクの心理学に関して、コーエンは突出して優れているんですね。

3. トレードで爬虫類のように振る舞う能力

今回は、「第2章　コーエンが欲したもの、手にしたもの」を見ていきましょう。

「コーエンは、2300万ドルの資本と9人の従業員を引き連れてSACを創業した。彼は、喜んでリスクをとる人間をそばに置きたがった。彼は、情熱的で、負けず嫌いの男たち、とくに大学でスポーツをやっていたような者たちを好んで採用した。彼は、部屋中をミニ・コーエン、つまり自分と同じように恐れを知らない者たちでいっぱいにすることを夢見た。

株式市場でお金を稼ぐには、賢くリスクをとる必要があるとコーエンは考えていた。たとえ、優れた投資アイデアを持っていても、恐れをなして、そこにたくさんの資金を投じることができなければ、大きな利益を獲得することはできないのだ。

しかし、彼にとっては当然のことも、ほかの人々にしてみれば大変な困難が伴っていたのだ。このトレー**ドの最中に爬虫類のように振る舞う能力は、ほとんど遺伝子の異常**とも言えるものので、恐れや自信のなさに左右されがちの、人間本来の特性に反するものである。彼は、新たに採用しようとしている社員のインタビューを行う時に、できるかぎりこの能力を見出そうとしていた」

このコルハトカーの〝トレードの最中に爬虫類のように振る舞う能力は、ほとんど遺伝子の異常〟という表現は的確かつ非常に面白いですね。

私は年中〝魅力的な投資アイデア〟を求めて、多くのことを学び、分析し、考えています。そして1年を平均してみると、「これはリスク・リワード比の優れた最高の投資チャンスだな」と身震いするような案件に、1つか2つは出合います。

そしてこの数年はようやく、〝自らの確信度に応じて〟相応に大きなポジションを迅速に取れるようになってきましたが、以前の私は、**大きなチャンスに思い切って踏み込めない**非常に慎重で保守的な投資家でした。そしてだからこそ私は〝地獄の日本株市場〟をここまで生き抜いて来られたわけですが、同時にそのことが響いて、投資家18年生となった今でも、突出した資金量を誇るS級・超A級のレベルには達することができないままでいるのです。

トレードの最中に爬虫類のように振る舞えるかどうかは、遺伝的な性格の影響が非常に大きく、私はその「爬虫類的能力」を明白に欠いています。今ではその自分の欠点を明白に意識していますが、残念ながら依然として完全には脱皮できていないんですね。

4. ホワイトエッジ、グレーエッジ、ブラックエッジ

さて今回は、「第6章　利益相反」から。

「だれの目にも明らかで、調査リポートや公文書などでだれもが容易に入手できる情報として〝ホワイトエッジ〟がある。これは、率直に言えば、ほとんど価値のない情報であるが、だれも面倒なことに巻き込まれることはない。

次に、〝グレーエッジ〟があるが、これが難物である。熱心に仕事に励むアナリストであれば、常にこの手の情報に出くわすことになる。

第3の情報が、〝ブラックエッジ〟で、明らかに違法な情報である。トレーダーがこの手の情報を入手した場合、当該銘柄は即座に、少なくとも理論的には取引停止となる。

トレーダーがやり取りしている情報の大半はグレーである。エッジは海のようなもので、彼らはそのなかを泳いでいるのだ。そして、コーエンは、もっとも強い覚悟を持った泳ぎ手を雇っていることを誇りとしていた」

私がこの本で最も印象的だったのは、世界最高峰のヘッジファンドで働いている人間というのは、学歴は飛び切りの最高で極めて野心的で好戦的、かつ驚異的な努力をすることは当然として、倫理的に問題がある行動をとる際も一切躊躇しないという点でした。

彼らには**投資成績を上げることが人生のすべて**であり、そのためには何だってやるという〝強

さと非情さ〟があるんだな、とつくづく実感しました。

翻って自分自身を見てみると、私にとっての株式投資は**とにかく楽しくて面白いからやる**ものであり、さらには幼少の頃からさまざまに形を変えながら続いている収集癖を満たすためのものでもあります。子供の頃「ビックリマンチョコ」のおまけのシールを必死で集め、それをノートに貼り付けてコンプリートを目指していたのと同じ気持ちで、今では〝魅力的な優待バリュー株〟を少しでも多く集めることに血道を上げているのです。

つまり、そういう〝少し違うベクトル〟を持って戦う〝草食投資家〟の私が輝くには、獰猛で超優秀なヘッジファンドや機関投資家が戦っている大型株という戦場を避け、これまで通りニッチで静かな、小型株・超小型株市場に限りなく特化して戦って行く必要があるんだな、それしかないんだな、ということを再認識したのでした。

5．究極のドテン

ここでお断りしておきますが、今回の内容には物語の〝ネタバレ〟となる要素が含まれています。本書を未読の方でネタバレが嫌な方は、ここまででお立ち去り下さい。

よろしいでしょうか？

それでは始めます。

「ポジションを解消しても、コーエンには終わりではなかった。売却が完了すると、コーエンはエラン株を450万株、9億6000万ドル相当を空売りしたのだ。彼は、1週間のうちに、銘柄への賭けを完全にひっくり返してしまったのだ」

部下のマートマ（結局インサイダー取引によって逮捕され、懲役9年が確定。現在フロリダで服役中）からもたらされた、**究極のブラックエッジ**を〝恐らく〟利用して、コーエンはそれまでは〝熱烈に入れ上げて〟大量に持っていたポジションを突然ドテン（途転――保有しているポジションを決済し、反対のポジション建てにする）し、持ち株をすべて売り払っただけでなくさらに大きな空売りまでも仕掛け、結果として巨大な利益を上げることに成功します。

驚くほどの柔軟性と、飽くことのない貪欲さ。これが、コーエンを「世界一のトレーダー」とした心理的な特質なんですね。超S級のトレーダーは、生きるか死ぬかの極限の状況で、眉一つ動かさずに〝究極のドテン〟ができるということです。

自分にはとても彼のような大胆なトレードはできない、全く物が違う、住んでいる次元が異なるんだ、ということを痛切に感じるエピソードでした。

6．その後のスティーブ・コーエン

今回もネタバレがありますので、本書を未読で、今後読む予定がある方はここまででおやめ下さい。

それでは始めます。

コーエンは、ＦＢＩとＳＥＣとの〝死闘〟の末に、ついにインサイダー疑惑から逃げ切ることに成功します。具体的に見ていきましょう。

「和解条件に応じて、彼はＳＡＣを閉鎖し、１００億ドルにも上る自己資金を運用するファミリーオフィスに作り変えた。

２０１４年４月、マートマが有罪判決を受けた3カ月後、コーエンは自分の会社の名前をＳＡＣキャピタル・アドバイザーズからポイント72アセット・マネジメントに変更した」

「コーエンは世界で最も裕福な人物の一人として、この危機から復活した。

結局、政府が10年近くかけて集めた彼に対する証拠が陪審員に示されることはなかった。

いまやコーエンはこれまで以上にお金を稼いでいる。２０１４年、自分の資産を運用しただけで、彼は25億ドルもの利益を上げた。

コーエンは一日も早く、ヘッジファンドを再開する計画を進めている」

スティーブ・コーエンは１９５６年生まれなので、現在まだ60代です。辛うじて危機を乗り切った〝稀代の天才〟の投資家としての新章がどのようなものになるのかを、引き続き注目していきたいと考えています。

さてこれでこの本の紹介は終わりです。刺激に溢れ、ヘッジファンドの〝乱暴で猥雑な真実〟に迫った力作です。とても面白い本なので、未読の方は是非。

第5章

相場心理に関する4冊

第5章序

この章では、新たな企画として〝相場心理にかかわる名著〟を紹介します。株式投資においては、マーケットに対して自らの心を常に良い状態に保って戦うことがとても大切だからです。

最初に紹介するのは、第1巻で紹介した『マネーの公理』の作者であるスイス人投資家マックス・ギュンターが運について語った『運とつきあう』です。株式投資は〝運用＝文字通り運を用いて戦う世界〟です。そのため私たち投資家は〝運とのつきあい方〟を学ぶことが必須です。歴史的傑作『マネーの公理』のB面的な、そして**不可思議な「運」というものに真正面から対峙した名作**であり、数カ月に一度、ふっと本棚から取り出して読み返したくなる、そんな深い魅力のある本ですね。

次に紹介するのは、相場心理学の歴史的金字塔『ゾーン』の著者であるマーク・ダグラスの遺作となってしまった『ゾーン 最終章』です。東洋的で神秘的だったゾーンの世界観を残しながらも、圧倒的に進化し考察の深まった、ダグラスが最後にたどり着いた境地を是非ご堪能ください。

さてここからは趣向を変えてポーカーの本を2冊紹介します。「えっ、みきまる、株式投資本の書評だったよね？」と思われた方がいらっしゃるかも知れませんが、今回の2冊は投資家としての観点から見て、凡百の投資本が束になってもかなわない神本です。その理由は、ポーカーと投資には〝パラレルワールドの双子〟と言っていいくらいの共通点があるからです。それは、「心理状態が成績に影響し、競争がとても厳しく、利幅が薄い」ということです。本文中でも触れますが、ポーカープレイヤー出身の凄腕投資家はたくさんいますし、逆に凄腕投資家でポーカー好きの方もたくさんいます。

最初に登場するのは『賭けの考え方』です。この本を〝投資本としてオールタイムベスト1位〟に挙げている凄腕投資家が複数いるくらいの傑作です。ただ本屋さんだと、株式投資ではなくて「ゲーム」「ギャンブル」の棚に並んでいることが多いので、探すときには注意してくださいね。

次に紹介するのは『ザ メンタル ゲーム』です。銘柄分析力が優れている、株式投資に関する知識が豊富である、資金力がある、そういった資質は株式投資では大切なことですが、一番ではありません。最も大切なことは、メンタルが安定していて強靭であること、そしていったん心が砕けてしまってもそこからの回復力があることです。この本は、投資家にとって一番大事な〝メンタルの鍛え方〟を教えてくれる〝心の筋トレ本〟であり、そこに至高の価値があるんですね。

運とつきあう

マックス・ギュンター［著］、日経BP・2012年

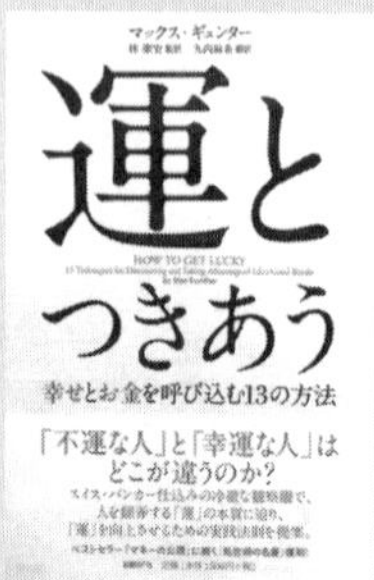

1. 総論

ご存じのとおり、同じマックス・ギュンターによる『マネーの公理』は私のオールタイムベストでも上位に輝く歴史的傑作なわけですが、この『運とつきあう』は『マネーの公理』とほぼ同時期に書き上げられました。**ギュンターの著述家としてのピークの大トロの時期に放たれた渾身の珠玉の一冊**となっています。

さて我々投資家が日々戦っているのは〝運用〟の世界です。それは文字通り〝運を用いる〟所であり、cisさんや五月さんなどの一部の力量の傑出した投資家以外は、その成績の大部分は〝運次第〟というのが実情です。

そして私自身もここまでの15年間を生き残ってこられた最大の理由を問われれば、**単に「運**

が良かったから」だと思います。過去に主力として勝負に出た銘柄の多くで結果として勝つことができた、これは運以外のなにものでもありません。なので、運が70％、努力が30％くらいの割合で私の生き残りに貢献してくれたものと考えています。

つまり、**私達投資家は、その宿命として〝運を良くする〟方法を学ぶことが必須**なのです。

その観点から見ると、**〝運〟について極限まで観察し、考察が深く完成度の高い本作は全投資家必読の名作**と言っても全く過言ではないでしょう。なぜか不人気で通販サイトでの評点もイマイチの一冊ですが、過小評価されていると確信を持って言えます。

すみません、興奮のあまり前置きが長くなりました。早速内容を見て行きましょう。

ギュンターは本文の中で、運を良くする13の方法を提示しています。詳しくは実際に読んでいただくとして、今回はその中で特に最高な部分だけをいくつか自分用のメモ書きとして残しておきます。

ギュンターは「**人の流れに飛び込め**」と言います。名優カーク・ダグラスが世に出ることができたのはなぜだったのか？　それは偶然知り合った安っぽい服を身に着けた友達の女の子（ローレン・バコール）が幸運により突如ハリウッドへ羽ばたいたことで、知人だったダグラスも一緒に引き上げられたからでした。

世捨て人のように引きこもっていたら何も起きない、近視眼的で計算高い人間のもとに幸運は巡ってこない、いつも人に会い、集まりに参加するようにしようとギュンターは言います。

このギュンターの教訓を現代の我々投資家に当てはめると、さまざまな投資家と実際に会う、またブログやツイッターで積極的に自ら情報を発信することを通して〝情報の渦〟の中に身を置きながら広く世界を観察する、などが大切であると考えており私も日々実行しています。

ギュンターは『マネーの公理』でも繰り返し述べていましたが、とにかく**正しくリスクを取れ**と言います。

「あくせくと働き続け、リスクを避けてばかりいる人生には運が入り込む余地がない。勤勉なサラリーマンは運をつかむことができない。

リスクと報酬を見比べて報酬の方が大きそうだと判断したなら、迷わずリスクを取り、運に近づかなくてはならない」

本当にその通りだと思います。

2. ジグザグ走行の大切さ

今回も引き続きその「ベストオブベスト」の大トロの部分のみを見て行きましょう。

「第六の方法――ジグザグに進む」の中で、ギュンターはケンタッキーフライドチキン創業者のハーランド・デビッド・サンダースがピンポン玉のように様々な職を転々とした後に大成功にたどり着いた事例を挙げ、

「自分の長期計画に固執してはいけない。

思いがけずに幸運が近づいてきたら、躊躇せずにいさぎよく古い計画を捨てよう。脇道の方に何か素敵なことがありそうだと思えば寄り道をしてもいいし、目的地を変えてしまってもいい。

ジグザグ走行を怖れてはいけない。

運はどの方向から近づいてくるか分からない。

気配を感じたらすぐに手を伸ばすのだ」と述べています。

私はこの**〝ジグザグ走行〟が大切であるという概念**をいつも心の中に持って自分のPFを毎日眺めています。何か違和感のある値動きをしている銘柄はないか？　急騰しているのは何か新しくて楽しいことがそこで起こっているからではないのか？　未知のチャンスが今まさに生まれようとしているのではないか？　そういう視点を常に持つようにしています。

「**運の良い人は総じて悲観的である。敗者は楽観主義なのだ。**

プロのギャンブラーはリスクを選び、事態が悪化したら直ちに逃げ出す。

さらに常に最悪の事態を想定して備えている。

だからこそ運がいいのだ」

ギュンターの指摘は正鵠を得ています。

私がPFを優待バリュー株でカチカチに固めているのも、市場に〝ブラックスワン〟が襲い掛かってきたクラッシュ時に、それが一番トータルでのダメージが少ないだろうと考えているからです。**自分なりに常に〝最悪に備えている〟**ということですね。

ちなみに「第八の方法――〝最悪〟を想定する」の最後に、やはりオールタイムベスト上位で、第1巻で紹介した『マーケットの魔術師』で登場し、また先ほど紹介した『ピット・ブル』の著者でもあるマーティン・シュワルツの話が登場しています。ギュンターに成功の秘訣を問われたシュワルツは「**負け方を学んだからだ**」と答えています。そして彼は「9年もの間ファンダメンタルでやっていたがうまく行かず、罫線屋（テクニカル）として金持ちになった」ことでも知られています。つまり彼にとってはファンダメンタルよりもテクニカル分析の方が正しい手法だったということですが、この事実が**ギュンターの言う〝ジグザグ走行〟の大切さを象徴的に示している**ように思っています。

ギュンターは言います。

「自分の問題や計画や感情について必要以上にしゃべってはいけない。（中略）しゃべりすぎることは自らの選択の自由や柔軟さを制限してしまう。（中略）個人的に微妙な話題には注意を払い、思っていることをそのまま口にしてはいけない。特定の立場に自分を縛り付けてしまうのは得策ではない。（中略）余計な話をしないことによって、発言について説明したり、行動を正当化する義務から解放される」

この章は素晴らしいです。私の観察によると、資産10億を軽く超えていると推測される凄腕投資家の方はほぼ寡黙です。その意味では私ももっと寡黙にならなくてはその頂には登れないと思うのですが、元々がお喋り好きな性格なので、なかなか実現できていません（汗）。「運の良い人は忙しい。（中略）いくつもの事業を同時にこなしている。（中略）それはいま成功している事業が立ち行かなくなった時の保険にもなる。（中略）いろいろなことをしていれば何かいいことが起こる可能性は高くなる。（中略）あなたにできるのは、**幸運をキャッチするための釣り糸をいくつも投げ込むことだけ**だ」

このギュンター先生の金言を胸に私は今も兼業投資家として頑張っています（滝汗）。

さてこれでこの本の紹介はおしまいです。歴史的傑作『マネーの公理』のB面的な、そして**不可思議な〝運〟というものに真正面から対峙した名作**であり、数カ月に一度くらいふっと本棚から取り出して読み返したくなる、そんな深い魅力のある本です。未読の方は是非。

〔編集部注〕現在は電子書籍版で販売中です。

P．S．実は本書は１９７７年刊の『ツキの科学』（ＰＨＰ研究所・２０１１年）という本を発展的に昇華した内容となっています。ギュンターが生涯を賭けて追い求めた〝運〟というものの正体に対する熱意という点では、『ツキの科学』の方が明白に勝っています。読み物としての面白さで飛び抜けた本で、１００％の自信を持ってお勧めします。いずれ書籍版でもご紹介したい一冊です♪

ゾーン 最終章

マーク・ダグラス、ポーラ・T・ウエッブ［著］

パンローリング・2017年

1．総論

著者のマーク・ダグラスは、相場心理学の歴史的金字塔『ゾーン』を始めとする、傑作書籍を残しましたが、2015年に惜しまれながら亡くなりました。

この『ゾーン 最終章』は、故マーク・ダグラスが書き残した原稿を奥さんのポーラ・ウエッブが電子出版した、〝The Complete Trader〟の邦訳となります。

本書は、確かに〝ゾーンっぽい〟ところも多くあるのですが、**全体としてみると全く別の印象を持つ一冊**です。私は、以下のような特色があると考えています。

1．『ゾーン』よりも全体に構成が良く、文章も滑らかで、具体例も分かりやすい。

2．トレーディングはギャンブルであり確率のゲームである、という主張が『ゾーン』よりも明確になっている。トレードで生じるのは可能性（期待値）のみである、というシンプルな主張になっており、前作では全編に漂っていたスピリチュアルさが消えて、より実践的な内容になっている。

3．まとめると、『ゾーン』とは似ているようで不思議に似ていない。読後感は全く、大きく異なる。前者は哲学的で神秘的。後者は実践的で即戦力になる。断言できるのは、〝2冊ともに殿堂入りの名著〟であるということです。

さてそれでは初回はまず目次を見ておきましょう。

第11章、13章が特筆すべき出来かと思います。また第19章には、『ゾーン』のスピリチュアル性が残っていて、「あぁ、もうこれからはこのダグラス節を新しく読むことは二度とできないんだな」と思いとても悲しくなりました。

それでは次回からは、ダグラス最後のそして渾身の一冊を一緒に味わって参りましょう。

2．株式投資はギャンブル

今回は「第3章　相場分析は着実な成果を上げるカギではない」からです。

「プロは自分が正しいという確信を持ってトレードをすることはない。

全く逆に、**プロは分析をしたら、自分は正しいと思うのではなく、正しい可能性が高いと思うだけだ。**

彼らは分析によって、失敗よりも成功の確率のほうが高いと考える。

次に何が起きそうか分かっている、という考えも思い込みも信念も持つことはない。なぜなら彼らはある時点で、たいていは痛い目に遭って学んでいるからだ。状況がどれほど良く見えようと、分析にどれだけの時間と労力を費やそうと、**マーケットではいつ何が起きてもおかしくない以上、相場の動きで確実なことはない**」

これは**分析によって生じるのは可能性（期待値）だけ**ということです。私もポートフォリオ上位で戦っている主力株に関しては当然、常にたっぷりと時間を使って多角度から分析をしていますが、だからといってすべての銘柄で勝てるなどとは夢にも思っていません。勝てる可能性が高い、総合戦闘力が破格に高い、キラキラと光輝く銘柄を、ＰＦ最上位にせっせと機械的に送り込んでいるだけ、なんですね。

「トレードでの負けは常に予想外だ。しかし、マーケットではいつ、何が起きても不思議でないのなら、**値動きに影響するあらゆる可能性を考慮できる完璧な分析法はない**。

言い換えると、気づいたら負けていたという状況を避けるために、事前にできることはなにもない」

つまり、**トレード・株式投資はギャンブル**であるということです。よく「投資と投機の違いは？」という青臭い議論がありますが、私に言わせれば両者には全く違いはありません。**世の中に〝安全な株〟などというものは一切存在しない**のです。前世紀の大投資家であるジェラルド・M・ローブが述べた通り、「**すべての投資は投機である。唯一の違いは、ある人はそれを認め、ある人はそれを認めないこと**」なのです。

投資という言葉には安全な響きが、そして投機という言葉には危険な響きがある。ただ、それだけのことなんですね。

3．大衆は常に淘汰される

今回は「第6章　売買注文の片寄りを生むさまざまな市場参加者」から。

「経験豊富なトレーダーは経験が浅く未熟な相手をよく、〝弱い買い方〟や〝弱い売り方〟と呼ぶ。大口のスペキュレーターは、経験が浅く未熟なトレーダーがたいてい、〝大衆〟心理に沿って動くと分かっている。そのため、

〝大衆〟の犠牲によって、大口のスペキュレーターが利益を得られるようにすることが可能になる」

これとほぼ同じことを先ほど紹介した『出来高・価格分析の完全ガイド』の中で、著者のアナ・クーリングも繰り返し述べていましたね。株式市場には〝**大衆は常に負けて淘汰される**〟という普遍的で宇宙的な法則があります。つまり、**私達投資家は〝常に意識的に偏執狂・常軌を逸したパラノイア〟でなくてはならない**んですね。

4. 味方と戦わないのと同様に、トレンドに逆らうな

「第7章　売買注文の流れからテクニカル分析を理解する」から見てみましょう。

「私の経験では、上昇トレンドで押し目買いし、下降トレンドで戻り売りをするのが極めて効果的だ。

通常はだれも**味方と戦わないのと同様に、トレンドに逆らうな**、ということだ。

上昇トレンドでの押し目買いと下降トレンドでの戻り売りは、格言の主張を現実に適用したものだ」

マーク・ダグラスも「トレンドはフレンド The trend is your friend. であり、モメンタムが大切である」と考えているということですね。この〝トレンドに、流れに身を任せるのが理に適っている〟という表現は、第1巻で紹介した『マーケットの魔術師』での、エド・スィコータの「**生ある者はすべてトレンドに従っている**」との名言を彷彿とさせますね。

5. 「私は分からない」

今回は「第10章　確実に損失を避けて勝つために分析に頼っても行き詰まる理由」から。

「分析によって得られるものは、統計的なエッジ（優位性）だけだ。

サンプル内の個々のトレードの勝率は常に未知であり、判断できない。

仕掛けたあとに相場がどう動くかは分からないと信じている。

私は分からない、と信じることは自分の期待を打ち消す効果がある」

これは「分析によって得られるものは、統計的なエッジ（優位性）だけ」という、この『ゾーン 最終章』の主題です。また、ダグラスの「私は分からない」という言葉で思い出したのですが、自分は（滅多に行かないのですが）数年前にある投資家オフ会に参加した時に、その時主力にしていた銘柄の今後の株価の見通しについて、偶然隣に座っていた方から何度も何度もしつこく尋ねられたことがありました。私は元々〝そんなことは分かりっこない〟という立場で戦っているために、非常に驚いて「良いと思って買ったのは事実ですが、これから株価がどうなるかについては私は全く分かりません。本当に分からないんです」と繰り返し説明したのですが、その方は首をかしげるばかりで全く1ミリも納得されていませんでした。きっと私が〝未来の見える魔法の水晶玉〟を持っていると勘違いされていたのでしょうし、さらに言えば『ゾーン』も読まれていなかったのだろうと思います（笑）。なぜなら、私は下記のダグラスの言葉通りに考え、そして日々戦っているからです。

「確率という観点に立てば、あなたは次のように考えられるようになる。

A．スペキュレーターとしての分析の目的は、一連のトレードに対する高い勝率（統計的に有意なエッジ）が得られる相場の動きの特徴を見つけることである。

B．そして、一連のトレード内での個々のトレード（エッジ）では成果を出せる可能性がいが、実際の結果は分からないと考える」

つまり、**自分なりのベストを尽くして分析をしていったん勝負に出たら、それが正しいか間違っているかは、市場に判断してもらうという、ある種の〝気楽さ〟を持って毎日を戦っているのです**。そしてこのように日々リラックスしているからこそ、私は常にご機嫌で市場で過ごせているんですね。

6．トレードの世界ではモノの見方・考え方が主要なスキル

今回は最高の出来である「第11章　トレードの世界ではモノの見方・考え方が主要なスキル」から。

「値動きの方向を毎回、正しく予測できる分析法やシステムは存在しない。

そんなものは存在しない」

くー、ダグラス節。痺れますね。本当にその通りです。

「トレードでうまくいかないからといって、自分が〝負け犬〟であることを意味するわけではない。

値動き方向の予測に使った分析が間違っていたからといって、自分に問題があるわけではない。

トレードでの損失は仕事をするうえで必要不可欠な経費であり、それはほかのどんなビジネスでもかかる諸経費と何ら変わりない」

このあたりのダグラスの表現に、前作『ゾーン』からの進歩を明白に感じます。非常に分か

りやすいですし、腑に落ちて染みわたりますね。そして、**このような考え方を自然にできるのが凄腕投資家**ということでもあります。まさに、「トレードの世界ではモノの見方・考え方が主要なスキル」なのです。

つまり、**C級投資家とS級投資家の差は、分析力や知識量よりもその考え方にある**ということなのです。具体的に言うと、S級の投資家は最も買いたくない気分のときに即座に株を買うことができますし、1ミリも売りたくないときに迷わず売ることができます。**常人とは「まるで逆」**なんですね。

7. スロットマシンとトレードは一緒

今回は奇跡的かつ珠玉の出来である「第13章　スロットマシンプレーヤーの視点」から。

「(スロットマシンプレーヤーについて)彼らの見方では〝マイナスの感情から自由〟だから、怖いと思わないのだ。

ほとんどの場合、スロットマシンの性質から、自然にそうなるのだ」

この章ではトレードとスロットマシンの共通点を並べて分かりやすく解説しているのですが、両者は本当によく似ていると思います。そしてS**級の凄腕投資家は〝トレードを全く怖いと思っていない〟こともスロットプレーヤーと共通**していますね。

「ファンダメンタルズ分析を主に使うトレーダーにおける最大の問題のひとつは、市場で多数決原理が働いていることを理解できていないことだ。

ファンダメンタルズのどんな要素とも無関係の理由で、トレードを仕掛けたり手仕舞ったりする市場参加者は常にかなりの数いるのだ。

ということは、見えないか知られていない多くの理由のために、ファンダメンタルズ分析をした人が割高と判断したものをほかのトレーダーが買いたがるせいで、価格が上がることもある、ということを意味する。または、自分が割安と判断したものを売りたがる人がいるせいで、さまざまな期間にわたって価格が下げ続けることもある、ということだ。

市場の歴史をひもとくと、非常に堅実なファンダメンタルズ分析を使っていた多くのトレーダーが、市場の他の参加者が〝合理的になって〟正しいことをするのを待っているうちに破産している」

これはファンダメンタルズ分析に基づいて戦っている我々バリュー投資家には非常に貴重かつ耳の痛い指摘です。私達バリュー投資家が「もう完全に割高だな」と判断して自信満々で売り払ったまさにそのタイミングで、「ここがチャンスだ」と判断したモメンタム／トレンドフォロー投資家が大挙して参入し、そこから短期間で株価が2倍3倍になる例など枚挙に暇がありません。最近では、4686ジャストシステムの値動きが正にそうでしたね。

つまり、**我々バリュー投資家は、常にモメンタムに敬意を払って、その力を取り込めるように戦って行かなくてはならない、**ということなんですね。

8．トレーダーはカジノの経営者と同じ

今回は「第14章　分析に基づいて値動きに賭けるトレーダーはギャンブルをしているのか」からです。

「カジノの経営者と同じように、確率の法則が十分に効果を発揮するように、その法則に任せさえすればよい。

言い換えると、分析が良ければ、カジノでプレーをする人々のようなギャンブルをしているのではなく、カジノの経営者のようなギャンブルをしているのだ」

ダグラスのこの〝**トレーダーはカジノの経営者と同じ**〟という視点は、前作の『ゾーン』でもありましたが、本書ではより洗練されています。

「本当に分からないと思っていることは、間違えようがない。

自分はギャンブルをしているのであり、分析をするのはエッジ（優位性）を得るためにすぎない」

『ゾーン　最終章』。投資本の大豊作＆当たり年となった２０１７年の傑作でした。これが、最後のダグラスのメッセージになったことが悲しいですが、本当に素晴らしい、後世に残る一冊です。未読の方は是非。

賭けの考え方

イアン・テイラー、マシュー・ヒルガー［著］

パンローリング・2011年

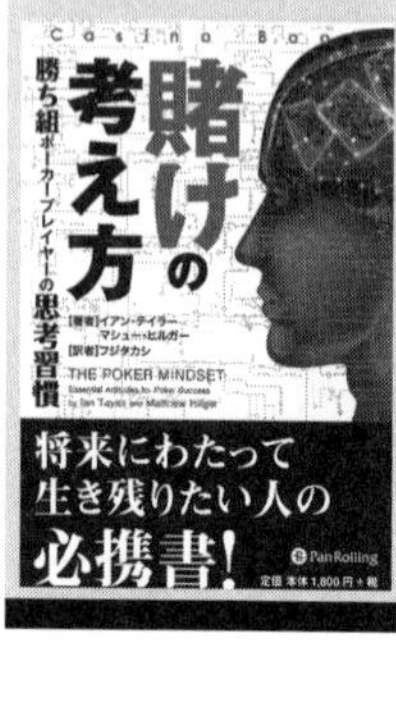

1. 総論

これはポーカーの本ですが、我々投資家にとっても**〝歴史的名作間違いなし〟のとんでもない神本**です。第1巻で紹介した『ゾーン』（マーク・ダグラス著）と合わせて読むと合計で1位になる、というレベルですね（笑）。ちなみにウイスキー好きと激辛評論で知られる強面経済評論家の山崎元さんが激賞したことでも有名です。

この本のメインの主張は、

1. ポーカーのさまざまな現実を理解し受け入れる。
2. 長期的視野でプレイする。
3. 金を儲けることよりも正しい決断を下すことを優先させる。

4．金への執着を捨てる。
5．自尊心を持ち込まない。
6．あらゆる感情を決断から排除する。
7．分析と改善のサイクルを継続的に繰り返す。

というものですが、ポーカーの部分を株式投資に置き換えると丸々そのまま我々に当てはまります。凡百の株式投資本が束になってかかっても全く敵わないレベルの秀作ですね。

これは恐らくはポーカーに代表されるカードゲームと株式投資には大きな類似性があるからだと思います。実際、『新マーケットの魔術師』で登場しているビクター・スペランディオはポーカープレーヤー出身ですし、『続マーケットの魔術師』で登場しているエドワード・ソープはブラックジャックやルーレットの必勝法を編み出した天才数学者であり、カジノにそれまでのゲームのルールを変更させかつ命を狙われたことでも有名です。

すいません、ちょっと脱線しました。私がこの本で最も気に入っているのは次のフレーズです。

「トッププレイヤーたちは異口同音に、常に学び続けていると言う。

反対に、**ある一定のレベルに達すると、自分のプレイと利益率に満足しそれ以上の上達を望まない、という姿勢のプレイヤーたちがいる。**

彼らは後退という概念を全く分かっていない。

坂道を登るポンコツ車は、いったんアクセルから足を外してしまえば止まってしまうだけでなく坂を転がり落ちてしまう。

同様に、もしポーカープレイヤーが学ぶのをやめてしまえば、彼のプレイは、少なくとも相対的に後退してしまう」

私はこの箇所を初めて読んだ時に震えが止まりませんでした。株式市場では常に何らかの非効率性を見つけることができますし、それは今で言えば、「優待を新設した東証2部銘柄に大きく賭ける」といった投資法が該当するわけですが、相場で永遠に存続する成功法などはありません。**どの方法もいずれは通用しなくなり、また別の解決策が必要となる**のです。

この本の「坂道を登るポンコツ車」の例えは、**常に進化と変化を遂げている株式市場で不勉強のままの状態で参加し続けることがどれほど危険なことか**を鮮やかに示してくれています。

さらにこの本の第8章の「対戦相手の心の中へ」も素晴らしいです。ここではポーカーに必要な〝思考のレベル〟について語られているのですが、著者は、

「相手よりもひとつ上の、そしてひとつだけ上の、レベルで思考したい。

もしあなたが相手よりも2つ以上も上のレベルで思考していれば、あなたに強みはない。実際、それは弱みになってしまうかもしれない」

と述べています。

レベル0は「自分の手札は何か？」、レベル1「相手の手札は何だろうか？」、レベル2「相手は自分が何を持っていると思っているだろうか？」なのですが、**レベル2でレベル0の相手**

と戦うと負けることがあるということなのです。なぜなら相手はこちらのことなど全く気にしていないからです。

これは株式市場でいうと、ただ純粋に優待が欲しいだけのサル並思考力・レベル0の優待族の我々が、知識と経験が豊富で今の株価位置など理論的にありえないと考えて2702日本マクドナルドHDを空売りしたレベル2の機関投資家に、**結果として少なくとも2015年12月の時点では勝った**ことが具体例として挙げられるでしょう。ウキキッ！

ついでにこのマクドナルドについて『投資で一番大切な20の教え』の著者のハワード・マークス的に表現すると、「マクドナルドはありえないくらいに割高だから売ろう」というのは**1次的思考**。「いまは割高だけど、思考力サル並の全国の竹槍優待族が集結していて優待廃止がない限りテコでも動かない。非常にややこしそうだから、君子危きに近寄らずで触らないでおこう」というのが**2次的思考**ということになるかと思います（笑）。

すいません、またもや脱線しました。他にも色々とあるのですが、この本には投資家としてできれば秘密にしておきたいエッジ（優位性）のヒントがてんこ盛りです。

2. 専業投資家になる条件

今回は極上の出来である「第9章　応用編」からです。

「プロとしてのポーカー

たとえ短期間でもポーカーで金を稼いだことのある人なら誰しも、ポーカーを職業にしてみたいと夢想したことがあるのではないだろうか。
その決断は、正確なあなたの長所・短所、そして個人的な環境に応じて下されなければならない。もし誰かが私たちに、自分はプロのポーカープレイヤーになるべきでしょうかと尋ねてきたならば、恐らく用心のためにノーと答えるだろう。これが安全な答えだ。
ほとんどのプレイヤー（ほとんどの勝ち組でさえも）は、プロとしてやっていけるだけの物は持っていないからだ。いまの仕事に専念してポーカーはあくまで儲かる趣味にとどめておけば、けっして間違った方向に進むことはないはずだ」

この章で著者らは、プロとしてポーカーでやっていくことの難しさを力説してくれています。私はこれを〝とても大切な金言〟と受け止めました。なぜなら、**ポーカーと株式投資には〝非常に競争の激しい厳しい世界で、かつ利幅が薄い〟という共通点がある**からです。

2012年から続く「アベノミクス」の比較的良好な相場環境の下で、株式投資で資産を築いてセミリタイアを目指したり、仕事を辞めて専業投資家として戦う方はたくさんいらっしゃいます。ただ私の観察では、逆に不幸になっているように見受けられる例がかなり多いです。

プロとして株式投資でやっていくのには、実は〝たくさんのハードル〟があると思います。この章からは、「自分は専業投資家でやっていけるのか？」についてのたくさんのヒントが得られます。とても重要な指摘が多いので早速見ていきましょう。

「1．あなたの実力は十分か？

もちろん一番明白な問いは、あなたがプロに転向できるほど優れたプレイヤーであるかだ。残念ながら、統計学的な見地からあなたがどれだけ優れているかを知るのは難しい。あなたはなぜ自分が勝てているかを本当に理解しているだろうか？」

ポーカーの世界もそうですが、株式投資の世界でも〝投資家の実力〟を判断するのはとても難しいことです。それは運が大きく作用する世界であり、また短期的には高いリスクを取った〝向こう見ずな乱暴者〟の方がハイパフォーマンスを上げることもあるからです。

投資家の実力とは「長い年月の観察期間を経てようやくおぼろげに見えてくるもの」であり、**私たちは自分の実力を過信しない謙虚さがとても大切**であると考えています。

「3．十分なバンクロールがあるか？

プロのプレイヤーはいくつかの理由から、カジュアルなプレイヤーよりもはるかに大きなバンクロール（ポーカーをするときの資金）が必要である。
（1）プロにとってのバンクロールは、彼らの生活の糧だ。バンクロールを失えば、金を稼ぐ手段を失ってしまうことになる。（2）彼らは毎月バンクロールの一部を引き出すことになり、破産する可能性が非常に高くなる。（3）より大きなバンクロールがあれば、毎月金を稼ぐというプレッシャーが軽減する。大きすぎるバンクロールなどはないのだ」
専業投資家として戦うには何よりも、プレッシャーの軽減＝十分な資金力が必要です。私が兼業投資家を続けている理由の一つも、現在の資金力では未だ万全ではないという判断です。

「6．厳しい月の感情的対処法は？

すべてのプレイヤーは、プロのプレイヤーを含め、時々ダウンスイング（何をしてもうまくいかない状況）を経験する。大切なのはダウンスイング中にどのように対処するかである。もしあなたがこの分野で問題を抱えているなら、あなたはほぼ確実にポーカーのプロには向いていない。

問題は、あなたがいざプロとしてプレイし始めたなら、ポーカーはもはやゲームではなくなる点だ。それは生活の糧なのだ」

私は2018年に、2007年以来初めてベンチマークとなるTOPIXを下回る年間成績を叩き出してしまいました。アクティブ投資家としてはとても屈辱的な出来事でした。「投資をしていればこういう年もある」ということは頭では理解しているつもりでしたが、実際に体験するととてもつらく、自分には何の価値もないように感じて落ち込みました。そしてその〝心の動き〟から、「自分は専業投資家には向いていないだろうな」と改めて感じました。専業になったら〝投資を楽しめない〟ようになってしまう可能性があると思ったのです。

「8．家族や友人はどう思うだろうか？

ポーカーが主流になってきたとはいえ、さまざまな理由でそれを認めない人はまだ大勢いる。

9．ポーカーに飽きることはないか？

何事も長くやっていれば、次第に魅力が失われるものだ。ポーカーもその例外ではない。私たちの経験から言えるのは、プロのポーカープレイヤーになれば、ポーカーを楽しむことと傾ける情熱は薄れる」

これらの〝ポーカーのプロ〟による指摘は新鮮で鮮烈です。そして私の観察だと、資金力と実力は十二分であっても、〝家族や社会との関係性〟や〝兼業時には大好きだった株式投資への、飽きや情熱の減退〟で苦しんでいる専業投資家の方が散見されます。一つの盲点でしょうね。

「11．バックアップの計画は？

すべての中で、これが一番重要な質問だ。

本当に単純に、あなたはポーカーのプロとして上手くいかなかった場合に備えていなければならない。

いまの職業の扉を少し開けておいて、後でも戻れるようにしておく。

ポーカーのプロが成功への唯一の道ではなくなるように、とにかく何か寄り掛かれるものを作ることだ」

これは〝専業投資家になる条件〟としてなぜかあまり語られることがないですが、極めて重要なことですね。

さてこれでこの本の紹介は終わりです。本当に最初から最後まで最高の傑作でしたね♪

ザ メンタル ゲーム

ジャレッド・テンドラー、バリー・カーター［著］
パンローリング・2017年

1．総論

この『ザ メンタル ゲーム』も『賭けの考え方』同様ポーカーの本なのですが、考え方が丸々そのまま株式投資にも使えるという意味で『賭けの考え方』に匹敵する凄まじい一冊です。そもそもカードゲーム、中でもポーカーと株式投資には多くの類似点があります。それはプレイヤーの心理状態が大きく影響するゲームであること、自分自身が最高のプレイをしたとしても運の問題で負けることが頻繁にあること、金と名誉のかかった競争の厳しい極めてタフなゲームであること、などです。

そして実際、ポーカープレイヤー出身の凄腕投資家というのはたくさんいます。少しだけ例示すると、『新マーケットの魔術師』に登場するビクター・スペランデオが正にそうですし、『続マーケットの魔術師』の天才数学者エドワード・ソープはブラックジャックの必勝法を編み出してカジノに命を狙われたことで有名です。

すいません、のっけから興奮のあまり脱線してしまいました。何が言いたかったのかというと、ポーカーと株式投資には共通点が非常に多いために、ポーカー本の中には「並の投資本が束になっても全くかなわない」株式投資に応用できるレジェンド級の書籍が先ほど例に出した『賭けの考え方』を筆頭にたくさんあり、本書もその一冊である、ということなのです。

それでは次回からは、この極上の名著のベストオブベストの部分だけを一緒に見ていくことと致しましょう。

2. 投資家には「心の筋トレ」が極めて重要である

今回は「第1章　イントロダクション」を見ていきましょう。

「優れたスキルを持っていてもそれが良い結果に繋がるとは限らず、しかもそんな日々が長く続くのに耐えなければならないゲーム。

メンタルゲームにおけるチャレンジとは、平静を維持し、金ではなく意思決定に集中でき、恐怖心を意思決定に影響させないような戦略を編み出すことだ。だがそれはありふれた教訓から受ける印象のように簡単なものではない」

さて〝失われた30年〟で極度の低迷が長く続く日本株市場では、力量溢れる多くの凄腕投資家の方々が、マーケットの波に飲まれ消え去っていきました。

銘柄分析力が突出している、売買スキルが天才的でずば抜けている、異常なほどに頭が良い、入金力を含めての資金力が高いレベルで安定している、正直に言って、「こんな人が退場するなんてあり得ないな」と感じ、尊敬していた投資家の中にも、今はもう相場から足を洗われてしまった方々がたくさんいます。

そしてそうなってしまう理由は、株式投資は〝**強靭なメンタル**〟**が何よりも大切とされる**ゲームだからです。それなくしてはこのタフな世界では長く生き残ることは決してできないのです。だからこそ、私達投資家には〝**心の筋トレ**〟**が極めて重要であり、また必須のトレーニング**でもあるのです。

投資家には体の筋トレをしている方が優位に多い気がしていますが、それは無意識のうちに「体を鍛えることによって、投資家にとって大切な心も鍛えたい」という潜在的な願望があるからだと個人的には考えています。

そしてこの『ザ メンタル ゲーム』は、我々投資家全員が懸命に取り組まなくてはならないメンタルトレーニングの解説書です。こんなに素晴らしい本は見たことがありません。

それでは次回も〝投資家向け心の筋トレ本〟最高傑作の大トロの所を一緒に見ていくこととしましょう。

3．成人学習モデル（ALM）の「無意識的有能」を目指せ

ここでは「第2章　理論的基盤」から。

「ティルト（みきまる注・ポーカー用語で、〝怒り＋ミスプレイ〟のこと。自分の感情がプレイする能力をさえぎってしまう状態。つまり〝キレた〟状態のこと）、恐怖心、モチベーション、自信といった問題は、いかに学習し、いかにパフォーマンスを発揮するかをより深く理解することで取り除くことができる」

そう、メンタルは鍛えられるのです。体と同じで、心も筋トレをすることができるのです。そして、本書は、そのやり方を教えてくれる〝神本〟なんですね♬

「その3つの基礎理論とは以下のものだ。

成人学習モデル（Adult Learning Model：ALM）――このモデルは学習プロセスを4つの異なるレベルで構成されたものとして表している。

尺取虫――これは改善というものが時間と共にどのように進行していくかを表す。

プロセスモデル――このモデルはベストのプレイを安定して続け、時間と共に改善していくことを容易にする」

「成人学習モデル（ALM）

ある特定のスキルを学んでいく時、それがどのようなプロセスを経るかは予測可能であり、

それにははっきりとした始まりと終わりのポイントが存在する。

ALMは学習プロセスの4つのレベルをそのままダイレクトに記述した理論である。それら4つとは以下のようなものだ。

レベル1――無意識的無能。自分が何を知らないのかさえも知らない状態。それは必ずしも悪いとも良いとも言えない。プレイヤーによっては無知が至福である場合もあるのだ。

レベル2――意識的無能。この段階では自分が知らないことが何かについて自覚できている。

レベル3――意識的有能。このレベルに到達したということは、何らかの研鑽なり経験なりを積むことでスキルを手に入れたということを意味する。唯一の問題点はそのスキルを発揮するためには、自分が学んだことについて意識して思考を巡らせなくてはならないということだ。それができないと無能力に逆戻りということになる。

レベル4――無意識的有能。このレベルに到達できた時、君はその物事を十分に学習し、それについて考えることなく完全に自動的に行うことができる。**無意識的有能は学習における聖杯**（皆が追い求める宝）であり、本書で取り上げる中でも他を引き離して最も重要なコンセプトである」

このテンドラーの説明は滅茶苦茶分かりやすいですね。株式市場にやってきたばかりで、どうしていいか全く分からずに、目に付いた〝声の大きな〟有名投資家に凸（とつ）ってイナゴっている方はまさに今レベル1にいるわけです。そしてそのまま〝永遠にレベル1〟にとどまっている投資家の方々も沢山いらっしゃいます。でも彼らが不幸せかというと、別にそんなことはなくて、凄く楽しそうに精力的かつ元気にイナゴ活動を継続されている場合も多いです。知らぬが仏、ということは確かにあるんですね（笑）。

さてこの本を読んで痛感したのですが、現在の私はレベル3くらいにいる投資家です。意識してしっかり考えれば多分有能なんじゃないか？　とは思うのですが、ちょっと油断すると〝楽天的かつ享楽的で無類のギャンブル好き〟の父親から受け継いだＤＮＡがむくむくと頭をもたげてきます。〝猿並みティルト〟してしまい、途端に無能になり、脇の甘い詰めの足りない投資判断を連発してしまうことが今でもあるんですね（滝汗）。

そして私がブログを十数年継続して飽きもせず精力的に熱心に書き続けているのも、少しでも成長してレベル4を目指しているからなんだなあ、と改めて認識しました。つまり自分は未だ〝学習途上〟の未熟な投資家である、ということですね（汗）。

4. 投資家の進歩は尺取虫の歩みと同じ

今回も最高の出来である「第2章　理論的基盤」から、3つの基礎理論〝成人学習モデル（ＡＬＭ）〟〝尺取虫〟〝プロセスモデル〟の中の、〝尺取虫〟について見ていこうと思います。

「尺取虫――　〝尺取虫〟なんていうのは変な名前ではあるが、これはある物事が時間と共に上達していくプロセスを、より簡単に理解できるよう手助けしてくれるコンセプトである」

「話の要点を一目で分かるようにするために、君が過去6カ月から12カ月ぐらいの間、ポーカーテーブルで下したすべての決断の質を採点してみたとする（最高、最低、中間という具合）。最低を1、最高を100としてそれをグラフにしてみる。するとそのグラフは釣鐘（つりがね）型をしたものになるはずである。

この釣鐘曲線は、君のプレイ、そして地球上に存在するポーカープレイヤーすべてのプレイに付きものである、プレイの質の自然な幅を表している。

幅が存在するのはポーカーだけに限らない。

自分のプレイを注意深く見るときには、好むと好まざるとに関わらず、そこにはプレイの質に幅が出来ているという現実に対して正直になることが重要である。自分がどういう現実を望んでいるかではなく、実際にあるがままの現実を見るのだ」

「本書は君のメンタルゲームの弱い方の半分を改善する手助けをするべくデザインされており、それによってミスプレイを減らせるだけでなく、自分がメンタル的にピークに近い状態でプレイできるようにもなるのである」

「尺取虫コンセプトが図示しているのは、**継続的な進歩というものが、自分の釣鐘曲線の前の部分を一歩進め、そこへ後ろ側を引きつけるという形を取る**のだということだ。このコンセプトが示唆しているのは以下のようなことである。

1．進歩には2つの側面がある。弱点の克服と、長所の向上である。

図表　Aゲーム、Bゲーム、Cゲーム

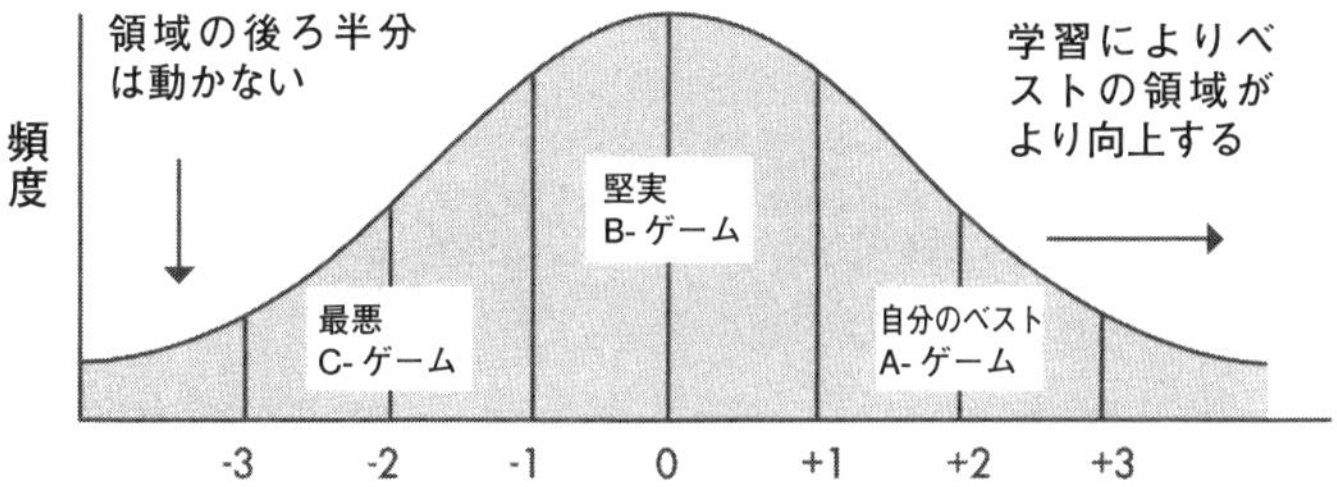

2．自分にできるベストのプレイをすることは、動く標的を追い求めているようなものである。

3．君のメンタルゲームとポーカーからC－ゲーム（最悪のゲーム）を取り除くことで、A－ゲーム（自分のベストゲーム）をより高められるような潜在的可能性が生まれる。なぜなら、そのことで新たなことを学ぶための精神的な余白が生まれるからである」

尺取虫コンセプトは、この本を読むまで全く知らない概念だったので、非常に勉強になりました。そして言われてみると、我々投資家の進歩もこの尺取虫の歩みと全く同じだなあ、と感じました。

5．感情が強く揺さぶられる局面にこそ、弱点・改善点が潜んでいる

こちらも珠玉の出来である「第3章　感情」から。

「感情は問題ではない。それどころか**感情はプレイをマスターするための鍵**なのだ。

ポーカー心理学への一般的なアプローチと本書でのアプローチとの根本的な違いは、感情というものをどう捉えるかにある。感情をポーカーテーブルにおける問題の発生源だと捉えた場合、なぜポーカーの伝統的教訓が、君にロボットのようになれ、自分の心を騙せ、感情に無反応であれと教えているか意味が通る。要するに伝統的戦術は、怒りや恐怖、自信過剰とは本質的に良くないものであり、それは取り除かれるべきだと示唆しているのである。

感情というものは、かつては問題視されていたのだが、今では価値ある目的のために役立ってくれると考えられている。すなわち感情は、君のポーカーでの精神的アプローチ方法にどのような問題が存在するかを浮き彫りにしてくれるのである。

要するに、**感情は、君がメンタルゲームの上でどの部分をもっと改善しなくてはならないかを教えてくれるメッセンジャー**なのである」

同じポーカーの本でも、『賭けの考え方』では、**あらゆる感情を決断から排除する**ことが大切であると繰り返し述べられていました。

そして『賭けの考え方』はポーカーで勝つための〝**思考法の技術**〟に**関する傑作**だったわけですが、『ザ メンタル ゲーム』は、それとは少し異なっていて、**自らの**〝**思考法の改善**〟に**軸足を置いている一冊**です。

本書が指摘してくれているのは、〝**感情**〟**が強く揺さぶられる局面にこそ、投資家としての弱点・改善点が潜んでいる**のだ、ということです。これを逆に言うと、**人は自らの欠点・弱点に直面**

すると、感情が激しく揺れ動くということです。

私は以前から、主力で戦っていた銘柄を売却するときに気持ちがピリピリしたり不安になったり後悔したりという、精神的な不安定さを感じることがとても多いとうっすら自覚していたのですが、これも**「株の売り時に関して、依然として苦手意識を持っている」ことが心の表層に表れているため**なんだな、とこの本を読んではっきりと分かりました。

自分は〝株の売り時〟に関しての知識・経験・技術・メンタルコントロールのすべてが激しく劣っており、それが最大の欠点かつ改善を目指すべきポイントであるということなんですね。

これは本当に凄い本です。

投資家の方々なら、『賭けの考え方』と本書の両方を読むと、とても役立つと思いますね。

6．自らの感情をニュートラルに保ち、心を整えて戦うことが大切

今回も珠玉の「第3章　感情」からです。

「精神的機能不全

頭脳の基本的機能の中で、ポーカープレイヤーはもちろんのこと、世間一般にもあまりよく知られていない部分がある。これを理解しておかないことには、感情的問題をコントロールしたり修正したりする上で直接影響が現れてくる。

感情システムが活動過剰状態になると、それ以上の脳機能は閉じてしまう。

これの意味するところはこうだ。感情的にあまりにも高ぶっていると、君はポーカーで不味い決断を下してしまうであろうが、これは君の脳がまともに思考できないようになってしまっているからである。それ以外にも以下のようなことが起きる。

頭の中が真っ白になる。

ハンドのプレイで鍵となる部分を見落とす。

ある情報だけを過剰に重要視したり、どうでもいい情報にこだわってしまう。

正しい答えが何か分かっているのに、君の頭の中は霧に包まれているように感じる。

つい悪い癖が出てしまう」

このテンドラーの指摘は重要と思います。つまり我々投資家は**大敗して頭に血が上っているときはもちろんですが、逆に大勝して精神が高揚し、万能感に溢れているときも、〝精神的機能不全〟に陥っていて危険な状態にある**ということです。

私たちは常に、〝自らの感情〟をニュートラルに保ち、心を整えて戦い続けることが大切なんですね。

7．感情はスペクトラム（連続体）の状態で存在している

今回もまた珠玉の「第3章　感情」から。

「感情のスペクトラム

感情はスペクトラム（連続体）の状態で存在しており、蓄積されていくにつれ、その激しさを増していく。本書でカバーする4つの主な感情――怒り、恐怖、モチベーション、自信――もまた、スペクトラムを持っている。

怒りはちょっとしたイライラから始まって、正気でない〝猿並みティルト〟にまで至る。

恐怖は不確実性に始まり、恐怖症にまで達する。

モチベーションは怠惰から始まり、やる気が湧いてどうしようもない段階まで存在する。

自信は、全くない状態から、**自信過剰のポーカー神**的状態まで、存在する。

感情が蓄積していくのをより上手く認識できれば、臨界点を超えないように処理することも上手くできるようになり、感情を完全にコントロールし続けることができるのである」

個人的には、このテンドラーの指摘が本書中で一番の収穫でした。

感情というのは連続体であり、投資家は自らの感情がどのレベルにあるのかを常に意識しモニタリングし続けることによって、それをコントロールしやすくなるということなんですね。

図表「疑念、不安、恐怖、恐怖症は不確実性の積み重なった結果である」も素晴らしいと思いました。

私達投資家にとって損切りが大切であるのも、**自らの感情がコントロール不能になってしまう恐怖や恐怖症のレベルにまでそれを放置するとあまりにも危険だから**です。

自らの〝感情〟を守るためには、早めに〝恐怖の芽を摘む〟ことが肝要なんですね。

図表　疑念、不安、恐怖、恐怖症は不確実性の積み重なった結果である

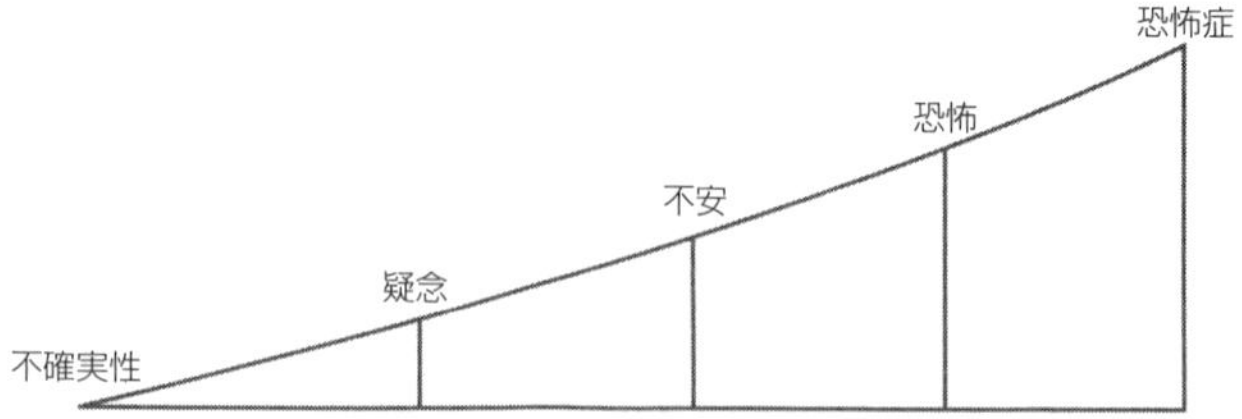

8. ヤーキーズ―ドットソンの法則

またまた珠玉の「第3章　感情」からです。

「パフォーマンスと感情

感情はパフォーマンスにとって重要である。感情が問題を引き起こすのは、あまりに感情が弱い時か、あまりに感情が強い時かのどちらかである。それはポジティブな感情の場合もネガティブな感情の場合も変わらない。

あまりに自信が過剰であることは問題で、それは君の思考する能力を閉ざしてしまうからだ。疲労状態にあることも問題で、それは思考するだけのエネルギーが残っていないからである。

次に紹介する原理に則って感情とパフォーマンスを理解することで、君のメンタルゲームの改善はより楽なものとなってくれるだろう」

「ヤーキーズ－ドットソンの法則

ヤーキーズ－ドットソンの法則は、覚醒（心理学でのエネルギー、感情、集中、ストレスの総称）とプレイヤーのパフォーマンスの

図表　ヤーキーズ－ドットソンの法則

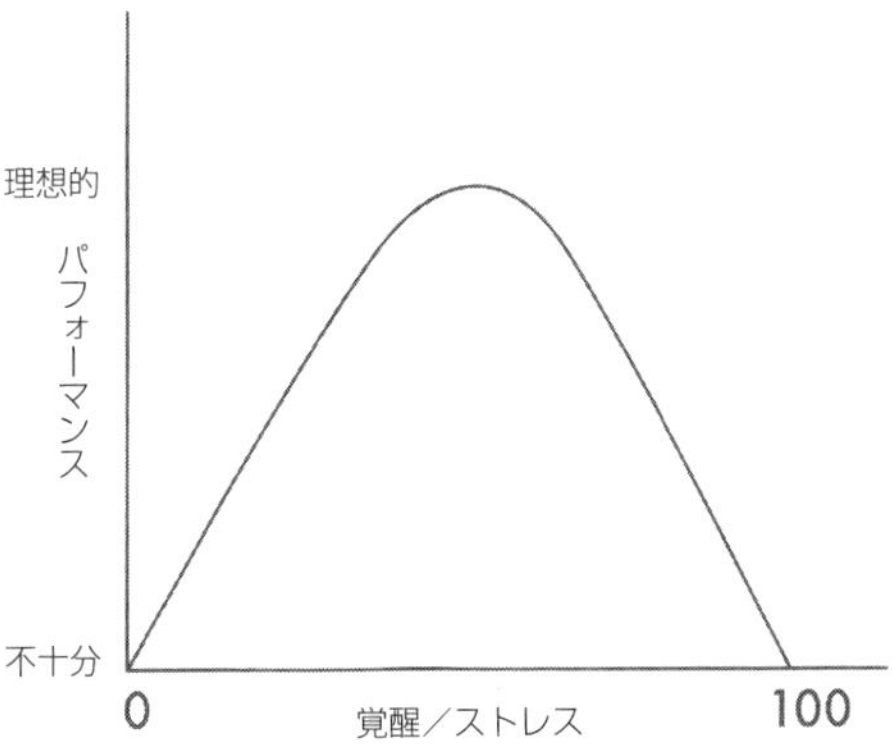

関係について述べたものだ。この法則によると、**君のパフォーマンスは感情が高ぶっていくのと共に向上していく**のだ、ただしそれはあるポイントまでのことである。

　感情が高ぶり続け、ある閾値（曲線の最高値）を超えると、パフォーマンスは低下し始めるが、それは感情システムが君の思考能力を閉じ始めるからである。君はいつも通りのパフォーマンスを発揮できなくなるが、それは君がいつも通りに思考を働かせることができないからだ。いつも通りの思考ができないと、君が今学習途上にあるスキルを利用することもできないのである」

　この〝ヤーキーズ－ドットソンの法則〟というのは、私は全く知らなかったのですが、非常に印象的でかつ勉強になりました。

　覚醒レベルが不十分な時に私たち投資家がベストパフォーマンスを発揮できないことは明白ですし体感上

もそれは分かるのですが、逆に覚醒レベルが高すぎてもいけないというのはちょっと盲点でした。

ただ言われてみると、例えばある銘柄で大勝した後に、「よっしゃ、この勢いでそのまま次いくよー」とイケイケの気分でかつ不十分な分析で、脇の甘い状態で違う銘柄に突進してそのまま憤死することが以前から私にはよくあり、これは強気の〝感情〟に頭が完全に支配され覚醒レベルが高すぎて、通常通りの冷静な思考ができなかったせいでパフォーマンスが悪かったんだな、とこの本を読んでハタと気付きました。

そして今後は常にこの〝ヤーキーズ－ドットソンの法則〟の表を頭の片隅に置いて、自らの〝覚醒レベル〟をモニタリングしながら重要な投資判断をしていこうと決意しました。

9．「ティルト（怒り＋ミスプレイ）」しないことが大切

今回は「第4章　戦略」から。

「本章ではメンタルゲームの問題を解消するための論理的で組織的、戦略的なアプローチを解説していく。

メンタルゲームの問題を解決するのに必要なのは、2つの基本的戦略である。

1．論理注入――メンタルゲームの問題をプレイの最中に封じ込め、同時にそれらを解消するための第一歩を踏み出すための短期的戦略

2．解消――自分のメンタルゲームの問題を引き起こしている間違った論理を修正するため

の長期的戦略」

「論理注入

〝論理注入〟とは、ポーカープレイヤーに限らず人間なら誰しもメンタルゲームの問題に直面した時に、ごく自然に行うことを元にして築き上げられた戦略である。それはすなわち、自分に向かって言い聞かせるということだ。

メンタルゲームの問題を修正する唯一の方法は、プレイ中に自分の感情を制御できる状態に保ち続けることだ」

要は、**プレイ中にティルト（怒り＋ミスプレイ）しないことが大切**なんですね。そしてこのティルトしないことは私たち投資家にとっても極めて重要です。なぜなら〝ティルト＝精神的にキレた状態で取引をすることは、取り返しのつかない致命的な大損失に繋がる可能性がある〟からです。

実際、株で大損失を出した投資家が、完全に頭に血が上ってキレてしまった精神状態で、〝起死回生の大逆転〟を狙い信用取引を使って無理で強引で期待値の低い一発勝負に出て結局そのまま憤死、という状況は非常によく見ます。ティルトしなければ片腕を失うくらいのダメージで済んだはずなのに、精神的にキレてしまったせいで致命傷を負ってしまい市場からの退場に追い込まれる、という惨劇が後を絶たないんですね。

10. 心の筋トレの6つのステップ

最終回も「第4章　戦略」を見てみましょう。

「本章ではメンタルゲームの問題を解消するための論理的で組織的、戦略的なアプローチを解説していく。

メンタルゲームの問題を解決するのに必要なのは、2つの基本的戦略である。1．論理注入2．解消」

今回も、この〝論理注入〟について見ていきます。

「メンタルゲームの問題を解消するには、通常なら明快な思考ができなくなるような場面でも明晰に思考できるようになっていかなくてはならない。

恐れることなくプレイしようとするのなら、恐怖心の中でプレイを続け、なおかつ上手にプレイできるようにならなくてはならない。要するに論理注入というのは、君がジムでウェイトトレーニングをしている時に、最後の数回を大声でカウントしてくれる介助役のトレーナーのようなものなのだ。

ここで紹介する**6つのステップは論理注入戦略に則って組み立てられている。**(1)認識。(2)深呼吸。(3)論理注入。(4)戦略的注意喚起。(5)必要に応じて繰り返し。(6)終了」

＊

この章でテンドラーは、〝心の筋トレ〟のやり方を丁寧にかつ詳細に解説してくれています。本当に素晴らしい内容です。具体的に見ておきましょう。

「**1．認識**　感情的問題がプレイに影響するのを防ぐためには、問題が起きていることを現在進行形で、臨界点に達する前に認識できなくてはならない。

2．深呼吸　深呼吸する目的は、自分と自分の感情とを切り離して、論理注入を行えるようにすることだ。

3．論理を注入する　君は不利な状態にある。君には精神の筋肉が要る。それに当たるのが論理注入である。論理注入はエクササイズによって精神の筋肉を鍛え上げてより強くすることと捉えられるのだ。

基本的には、このステップでのゴールは、あるフレーズや声明を心の中で考え出して、自分に向けて語りかける（または実際に声に出す）ことである。その声明は、君の頭の中が制御不能にならないように、正常な働きを保つ助けになるような言葉でなくてはならない。

4．戦略的注意喚起　君のプレイ上の技術的なキーポイントについて、早めに自分に注意喚起を行う。

5．必要に応じて繰り返す　君のメンタルゲームの問題は、まだ解消されたわけではない。自分の感情をコントロールして、良いプレイを続けるためには、再び最初の4ステップに戻り、それを何度も何度も繰り返せるよう、心づもりを整えておこう。

6. 止める　止めることはスキルである。そのスキルの中には、メンタルゲーム上の問題が、プレイを続けるにはあまりに強烈で、止めるより他はないということを自覚する能力も含まれている」

そしてこれらによって、感情を鎮める、または覚醒させることによって、高いパフォーマンスを発揮することができると述べています。

これでこの本の紹介は終わりです。ポーカーの本ですが、投資さらには広く生活にも役に立つ傑作と思います。未読の方は是非。

第6章

日本の投資家による4冊

第6章 序

この章では、〝日本人の投資家による名著〟を紹介します。ところで投資本に関してですが、もしも投資理論などにおいて同レベルの内容であれば、外国人著者によるものよりも日本人著者によるものの方が優れていると思います。なぜなら、日本語を母国語にしている筆者による文章の方がより精度が高く的確で、また柔らかく鮮やかで、さらに読みやすく頭に入ってきやすいからです。

「みきまる。そんなこと言って、お前は洋書の翻訳ばっかり紹介しているじゃないか」というお叱りの声が聞こえてきそうですが、これには理由があります。それは海外に比べ〝投資後進国〟である日本には、残念ながら日本人による秀作が少ないという現状があるからです。ただ、当然ですが、日本人著者による良書ももちろんあります。今回はその中でも〝飛びっきり極上〟なSクラスの4冊を厳選して紹介します。

最初は、『伝説のファンドマネージャーが教える株の公式』です。CAN-SLIMのウィリアム・オニールのやり方をさらに先鋭化させたような「新高値投資法」は極めて鮮烈かつ有効な手法です。またこの本は〝株の売り時〟に関する記述が詳細かつ膨大なのも素晴らしいと思います。余談ながら、２０１９年私は『楽しみながらがっちり儲かる　優待バリュー株投資入門』（日経ＢＰ）という本を上梓したのですが、この時に「林先生の本に負けないくらい、株の売り時に関してたっぷりページを割いて解説しよう」と思って参考にしました。

次に紹介するのは、『投資される経営　売買される経営』です。日本株市場で〝長期投資家〟として戦うことの困難さが赤裸々に描かれた良書です。また日本の機関投資家が、「資金力が大きすぎるせいで流動性の劣る中小型株に手を出せない苦悩」が述べられているのですが、これは資金力の劣る我々個人投資家にとってはそこが〝秘密の花園〟になるということでもあり、〝いい話聞いた〟感が半端なかったですね。

次は、『ずば抜けた結果の投資のプロだけが気づいていること』です。著者の苦瓜達郎さんは、酷寒の日本株市場を長年生き残ってきた文字通りの「凄腕ファンドマネージャー」です。そして圧倒的な経験と豊富な知識から紡がれる彼の言葉には〝24金〟の本物のみが放つ臨場感があります。

最後は、『図解でわかる　ランダムウォーク＆行動ファイナンス理論のすべて』です。著者の田渕氏には複数の著作があり、どれも外れなしで素晴らしいのですが、ナンバーワンはこの本だと思います。ずっとブログで紹介せずに隠していたのですが、その理由は私の投資家としての優位性の元ネタの一つとなっているからです。今回ついに観念して書評を書いたわけですが、改めて読んでみても素晴らしかったですね。

伝説のファンドマネージャーが教える株の公式

林 則行［著］、ダイヤモンド社・2010年

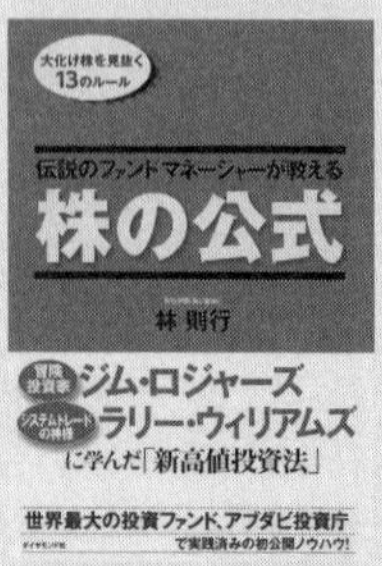

1．総論

最初に読んだ時には、本当に稲妻が脳天を貫くような衝撃を受けました。

この本の第2章の「株には新高値銘柄と非新高値銘柄しかない」という発想は物凄いものです。ウィリアム・オニールのCAN－SLIM投資手法の中のN、「New highs（株価が年初来高値、昨年高値、上場来高値などの新高値をつけている）」の概念をさらに一歩進めたものですが、ここまでの考え方はこれまでの自分には全くなかったですし、この本を読まなければこれからもなかっただろうと思います。

そしてこの新高値投資法は、まろぴこさんが恐らく採用していると思うのですが、彼の驚異的なパフォーマンスがこの投資法の有効性を如実に物語っています。私自身はどちらかという

とバリューに軸足を置いた投資家なので〝林先生の投資手法を全面的に採用〟とはならないのですが、この本を読んで以来、少なくとも新高値を付けたからと言って諦めて買わないということは一切なくなりました。そしてそれまでウィリアム・オニールの本を読んでも、マーク・ミネルヴィニの本を読んでも、どうしても腹の底にストンと落ちなかった〝新高値投資法〟が自分の中にある程度納得した形でスーッと取り込まれたのを実感したのでした。

それ以外でも第4章の、〝**売りの本質は飛び降り（下げ相場は驚くほど速い）**〟という表現も素晴らしいと思います。株価の天井はファンダメンタルズよりもテクニカルが速く察知する。「あぁ、これは崩れたな」と思ったら一目散に逃げ出さなくてはならない。どこか『マネーの公理』の中でマックス・ギュンターの言う、「船が沈み始めたら祈るな。飛び込め」というフレーズを想起させる金言だと感じました。

総合的に見て、この本の主張は、**CAN-SLIM手法のウィリアム・オニール**の考え方をベースにして、そこにビッグチェンジを狙うジム・ロジャースや、「ケリーの公式」を基にしたラリー・ウィリアムズ、そしてジャック・D・シュワッガーの『マーケットの魔術師』シリーズの投資法のエッセンスを付け加えたものですが、それを実際のファンドマネージャーでもある著者が分かりやすい日本語で、かつ高いレベルで言語化しているところに至高の価値があります。日本人が書いた株式投資に関する書籍としては第1巻で紹介した『生き残りのディーリング』に次ぐ完成度を持つ、珠玉の秀作であると考えています。

2. 簡単に当たりくじを手放してはいけない

今回は最高の出来である、「第4章　絶対に守らなければいけない売りの公式」からです。
私がこの本を〝日本人著者による株式投資本の最高傑作の一つ〟と思うのは、投資で一番難しく、かつ成績に決定的な影響を与える〝株の売り時〟に関しての説明が分厚くて詳細であることです。そして同時にそのすべてに深い納得感があることです。こんな本は滅多にないんですね♪

それでは早速本文を見ていきましょう。

「新高値を超えると、株価の動きがガラリと変わる

新高値を更新すると、事情が一変します。多くの投資家がその株に目をつけ始めます。高値を日々更新するようになり、出来高も増えます。それまでの緩慢な動きに費やしていた時間を取り戻すかのように、一気に株価が上伸します。中には、勢いを取り戻すどころか、爆発的なエネルギーを発して、大幅高を演じる株も出てきます。投資家がその会社の将来性に自信を持ち始めるからです。このように、投資家の心理がいっぺんに変わるのが新高値を超えた時点です」

「〝いくらで売ろう〟という目標は無意味

大事なことは、**どこまで上がったら売ればいいという確実な目安はない**ということです。〝何%上がったら、株価が一服して横ばい圏に入る〟といった統計値もありません。したがって、

買ったときに、ある価格まで上がったら売ろうという〝目標株価〟を設定するのは意味がありません。

したがって、いったん活火山のように暴騰し始めた銘柄は、途中で高所恐怖症にならずに、最後まで利益を取ることが実践的な利益拡大法となります」

この「いい株はどこまでも上がる」というのは、第1巻で紹介した『成長株投資の神』の中でマーク・ミネルヴィニやデビット・ライアンが口を酸っぱくして何度も言っていたことです。いったん大きく上昇を始めた株はモメンタム（勢い）を手に入れたわけであり、そういう銘柄を持っていたということは、分かりやすく言えばそれが〝当たりくじ〟だったということです。

株式投資という〝富くじ〟の世界で勝ち残るには、**そう簡単に当たりくじを手放してはいけない。最後までしがみつかなくてはならない**ということなんですね。

林先生の本書には他にも〝株の売り時〟に関する貴重な知見が溢れています。そして日本人著者が精緻な日本語でこのレベルの本を執筆してくれたことには至高の価値があると考えています。なぜならば外国人著者による翻訳本とは〝情報の質と読者の胸を打つレベル〟に格段の差があるからです。未読の方は是非、この素晴らしい本を本棚の一角に置いてくださいね。

投資される経営 売買(うりかい)される経営

中神 康議、楠木 建［著］、日本経済新聞出版社・2016年

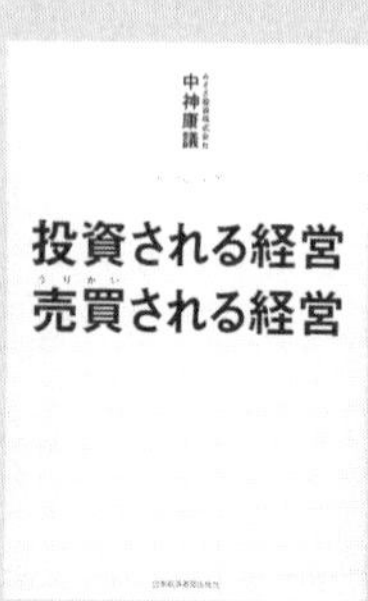

1. 総論

著者は、エンゲージメント（友好的対話型）投資を標榜するみさき投資株式会社の代表取締役社長の中神康議氏です。

この本が凄いのは、投資家視点ではなく**経営者目線で、投資家とはどういう生き物なのか、何を考えてどう行動しているのか、どうすれば短期売買の対象ではなく長期投資の対象として会社を見て貰えるのか？**　を語っているところです。

世の中に溢れている株式投資本のほとんどは我々投資家が自らの目線で書いたものです。ところが**この本は経営者側の視点から〝投資家という不気味で得体の知れない生物〟の生態が描かれており、それが非常に新鮮かつ有益**なのです。日本人著者が書いた投資本としてはトップ

クラス、オールタイムベスト10に入るくらいの傑作だと思います。

初回なので、まずは目次を見ておきましょう。

投資家の生態を明らかにした「第1章」、長期投資家の考え方を解説した「第2章」、投資されるための経営とはどのようなものなのかをガイドした「第5章」、名著『ストーリーとしての競争戦略』（東洋経済新報社・2012年）でも知られる楠木建氏による巻末の「長めの解説」が特に素晴らしいですが、全体に捨てページのない最高の内容となっています。それでは次回から、近年稀に見る傑作と言える本書のベストオブベストの部分を一緒に見ていきましょう。

2. 株は買値が致命的に大切

今回からは数回に分けて最高の出来である「第1章　なぜ投資家は分かりづらい行動を取るのか――投資家生態学」を見ていきましょう。いやあ、この章凄かったです。私は今まで数百冊の投資本を読み倒してきましたが、その新鮮な視点に、目からウロコがポロポロと落ちました♬

「上場企業に投資する事業とは、つまるところ**誰もが買える上場株式というものを他の人と同じ値段で買い、他の人と同じ値段で売る営み**です。他の業界にたとえると、全国どこでも定価で販売されているナショナルブランド製品だけを扱っている卸売業者のようなもの」

「どんなに優れた投資家でも毎年10％のリターンを確実に出し続けるのは困難。

上場企業への投資という事業は、こういう**利の薄い経済性の中で営まれているもの**」

「投資業では買ったあとに価値を足せることはほとんどありません。〝何を買うか〟と同じくらい大切な点は、〝いくらで買うか〟です。自分で足せるものはほとんどないわけですから、その会社の本来的な価値に比べて、**割安な価格で買わないと元も子もありません。**

投資家が鵜の目鷹の目で割安株を探したり、異常なほど業績予想にエネルギーを割いたり、いつの間にかさっさと売り抜けていたりする根源的な理由は、繰り返し出てくるこの〝投資事業は付加価値が薄い〟という基本経済性（宿命）にあるのです」

いやあ、衝撃的でしたね。**投資家という生き物の宿命、急所を見事に喝破**しています。そうです。私達の仕事は〝実に利が薄い〟んですね。そしてだからこそ、**買値が致命的に大切**なのです。

私が〝逆張り投資家〟であり続けているのも、常に生命線である株の買値にこだわり続けているからなんですね。

3．日本株市場では「長期投資家」では通用しない

「日本の投資家には短期投資家が多い。

アメリカやドイツと比べたときの日本の機関投資家の投資期間の短さが指摘されています。

平均的な投資期間は半年程度」

「〝短期投資家ばかりで心が折れそうになる〟とおっしゃる経営者もいらっしゃいます。残念ながらこれが日本の株式市場の実態。

日本では長期にわたって運用を委託してくれる金主が少ない。

日本の株式市場で長期投資家が少ない理由は、こうした金主の行動特性によるところがある」

「日本で長期投資が難しいもう一つの理由は、長期にわたって業績を上げている企業がそもそも少ないという問題。

90％以上の企業が持続的な成長を遂げてきたとは言いづらい。

少し厳しい言い方になってしまいますが、**全上場企業の3分の2は〝株主価値破壊企業〟**だった」

「投資家は、付加価値が薄いという宿命のなか、**短期売買の誘惑に耐え長期投資をしていれば報われたのかというと、残念ながらそうではなかった**。

それがこれまでの日本企業の実像だったのです。

運用会社としては長期の資金の出し手がいないから長期投資がしづらい、経営者としては長期投資家が少ないから長期的な経営がやりづらいという、言ってみれば〝短期投資の連鎖〟が今の日本には存在している」

うーん、これらの指摘は深くて鋭いですね。中神氏の言う通りで日本には長期投資の文化もないし、また長期投資が報われるという確かな実感もありません。そして私自身もかつては長期投資を志向していたものの、現実の日本株市場ではそのような〝高尚な理念〟はクソの役にも立たない、むしろパフォーマンスの妨げになるということが身に染みて分かっているので、もう10年以上もの間、2～3年単位の時間軸で利益を狙う「中期投資家」を標榜しています。とても残念なことですが、**日本株市場では〝長期投資家として戦うのは全く現実的ではないし、お花畑の夢物語にすぎない〟**んですね。

4．個人投資家は「流動性のなさ」を武器にできる

今回は中神氏が〝流動性の大切さ〟について語った第1章から見ていきましょう。

「ファンドでは何日で返金に応じるかという取り決めがなされており、国内公募投信や株式のロングショートファンドでは1～5日と非常に短く、長期・厳選して投資を行うファンドでも長くて3カ月程度です。ですから公募投信の場合、現金化に10日以上かかるような投資はできませんし、長期・厳選投資を標榜する投資家でも現金化に100日以上かかるような投資を行うことには困難が伴います」

「よって、ファンドが100億円よりも大きくなると、事実上1日売買代金5000万円の会社には投資ができなくなってしまうのです。

ファンドとしては、企業の売買代金が少ないと、**せっかくいい会社なのに、運用額が増えて**

しまったのでみすみす売らざるを得ないという事態に陥ってしまうのです」

流動性の低い中小型株へは100億円程度の小さなファンドですらなかなか投資しにくいということを機関投資家の中神氏自らが赤裸々に教えてくれているんですね。そしてこれは我々個人投資家にとっては非常にいい話です。なぜなら、**流動性がほとんど枯渇している銘柄は実質的に個人投資家の独壇場である**ということに他ならないからです。つまり、**我々個人投資家は、流動性のなさを武器にできる**、ということなんですね。

5. 資産バリュー、収益バリュー、成長バリュー

さて、最後は第2章の大トロのところを紹介して終わりにします。

「投資は付加価値の薄い事業です。

それは長期投資家であっても同じことです。どんなに良い会社を見つけたとしても、高い値段で買ってしまっては長期投資は成功しません。〝買った瞬間に勝負がついてしまう〟事業に従事している身としては、〝何（どの会社）を買うか〟だけではなく、〝いくらで買うか〟も十分に突き詰めておく必要があるのです」

私はこの〝買った瞬間に勝負がついてしまう〟株式投資というのは、**相撲の立ち合いに似ている**なあと思いました。株の買値も関取の立ち合いも勝負に決定的な影響を与えるんですね。

「〝付加価値の薄い〟投資家が高い長期パフォーマンスを出せるとしたら、私は〝周りに背を

図表　会社の「絶対価値」をどう算出するか

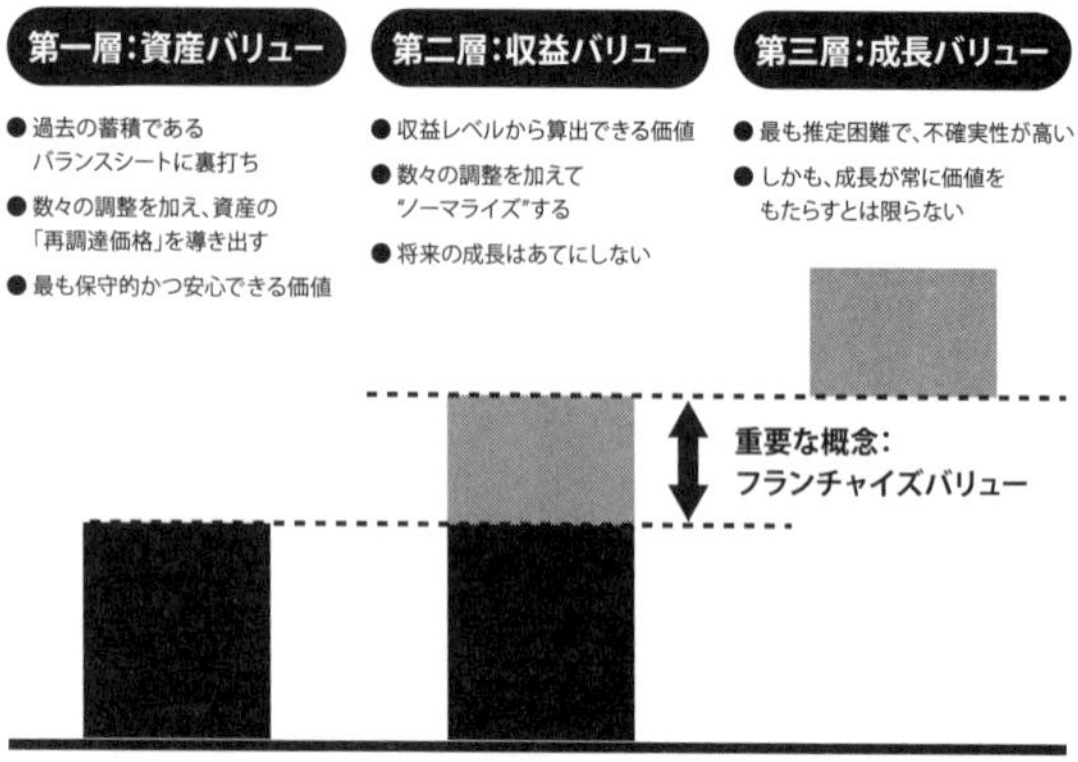
第一層：資産バリュー
●過去の蓄積である
バランスシートに裏打ち
●数々の調整を加え、資産の
「再調達価格」を導き出す
●最も保守的かつ安心できる価値
第二層：収益バリュー
●収益レベルから算出できる価値
●数々の調整を加えて
〝ノーマライズ〟する
●将来の成長はあてにしない
第三層：成長バリュー
●最も推定困難で、不確実性が高い
●しかも、成長が常に価値を
もたらすとは限らない
重要な概念：
フランチャイズバリュー

出所＝みさき投資株式会社　『投資される経営　売買される経営』より引用

向けた行動を取る〟しかないと考えています」

私も同じことを考えて、せっせと不人気で指標的に安く、かつなにがしかのカタリストのある優待バリュー株をポートフォリオ上位に組み込み続けているのですが、値動きの少ない地味株揃いで自分で選んでおきながら本当に嫌になります（笑）。**逆張り投資家であること、バリュー投資家であり続けることには実に大きな困難が伴う**んですね（汗）。

図表「会社の〝絶対価値〟をどう算出するか」は非常に良くできているなあ、と感心したので自分のメモ代わりに載せておきます。そして私は**第1層の資産バリューと第2層の収益バリューまでをメインの対象**として戦っています。その理由は下層であるほど、シンプルで分かりやすいからです。

さてこれでこの本の紹介は終わりです。本当に素晴らしい一冊なので、未読の方は是非。

ずば抜けた結果の投資のプロだけが気づいていること

苦瓜 達郎［著］、幻冬舎新書・2017年

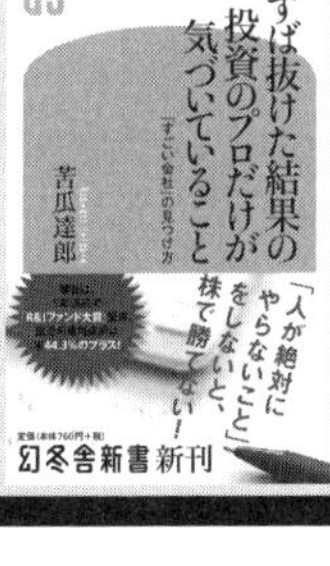

1. 総論

著者の苦瓜（にがうり）さんは、大和住銀投信投資顧問のシニア・ファンドマネージャーであり、長年に渡って抜群の好成績を収めてきたことで知られています。

そして彼が運用している、東証2部・JASDAQ銘柄をメインとした「大和住銀日本小型株ファンド」と、時価総額1000億円以下の銘柄を投資対象とした「ニッポン中小型株ファンド」が、我々ジャンキー系のバリュー投資家にとって〝ネタ元の一つ〟となっていることは、**誰も語らない公然の秘密**です（笑）。

そして私自身もこの両ファンドが保有している銘柄については**定期的に徹底分析**していますし、もっと言うと〝真のベンチマーク〟としているのもこの2つのファンドです。

この本は新書で170ページしかないので、1時間もあれば読めると思います。私も通販サイトから届いてすぐに読んだのですが、読了して思ったのは、以下の2点でした。

1．長年ファンドマネージャーとして第一線で戦い続けてきた人間にしか書けない、**日本のウィリアム・オニール**的な〝圧倒的な実践感〟のある良い本である。

2．文章が平易で極めて分かりやすい。苦瓜さんが、第1巻でご紹介した『ダンドーのバリュー投資』著者の**モニッシュ・パブライ**のように、ずば抜けて頭の良い人間であるということがダイレクトに伝わってくる。

個別でいうと、「第2章　誰にも開陳したことがない私の投資哲学」が特に良かったと思います。それでは次回は、この圧倒的に出来の良い第2章を中心として、〝苦瓜文学〟を一緒に味わってみることと致しましょう。

2．なぜ中小型株が勝ちやすいのか？

今回は、非常に出来の良い「第2章」から、特に素晴らしかった部分を見ていきましょう。

「PBRではなくPERを重視する理由

私自身は投資の際にPBRをあまり重視していません。重要指標としているのは、PERです。これは、企業が将来にわたり上げていく利益こそ、投資家にとっての企業の価値だと考えているからです。

また実際のところ、ＰＢＲ**に注目して株価を評価しても、勝ちにくい**という問題もあります」

この苦瓜さんの指摘は鋭いと思います。私には**グレアム直系の**「**しけモク投資家**」としての側面があり低ＰＢＲ銘柄が大好きなのですが、自分の過去のデータを見ても〝負けにくい〟のは確かだけど、大勝ちすることも少ない〟のが厳然たる事実なんですね。

「主戦場は〝中小型株投資〟

中堅企業は全体像が把握しやすく、〝伸びている事業は何か〟〝その要因は何か〟といったことも明確なことが多い。

大型株投資よりも中小型株投資のほうがシンプルであり、〝勝ちやすい〟。

中堅企業はとても健全でおもしろい
日本企業は社員数数百名程度の規模が、組織として最もパフォーマンスがいい。

日本人には、法律のような明文化された決まりより、〝不文律〟や〝掟〟が機能しやすい国民性がある。

結果として、大企業はどうしても身動きがとれなくなりがち」

私も苦瓜さんと同じで中小型株専門の投資家ですが、その理由は以下の通りです。
１．大型株に比べて小型株の方が投資成績が良いという〝小型株効果〟に複数の有力なエビデンスがある。
２．事業内容が多岐に渡り全容を把握することが難しい大型株と違って、**小型株は理解する**

のが簡単である。

3．大型株は資金量と情報量で勝るプロの機関投資家と〝ガチンコバトル〟をしなくてはならなくなるので、個人投資家には極めて不利である。その一方、小型株は時価総額が小さくて日々の出来高も少なく著しく流動性に欠けるので、資金力があり過ぎて〝図体のデカい〟恐竜は参戦しにくい。機関投資家という恐竜が入り込めない〝**裏路地の秘密の花園**〟**で存分に暴れまわることは痛快で楽しい**し、理に適っている。〝自分が高確率で死ぬことが分かっている危険な戦場〟に馳せ参じる必要は全くない。

4．魅力的な中小型株の一部は、時の経過と共に正当に評価され、株価が上昇し時価総額が大きくなる。すると〝グラウンド3周遅れ〟の時点で、機関投資家が満を持して全力で参入してくることとなる。そのタイミングで、安値で仕込んでいた持ち株を〝恐竜の機関投資家〟に売りつけ、ポッケに札束をねじ込んで音速ダッシュで去る〝**風と共に去りぬ殺法**〟を使うことができる。

「バリュー投資か、グロース投資か

私自身が運用しているファンドはいわゆる〝バリュー投資〟を行っています。

私がグロース投資を行わないのは、私にはグロース投資の世界があまりよく理解できないからです。

端的に言えば、グロース投資は〝自分は他人より賢い〟という前提に立っています」

私も基本的にグロース投資は行いません。その理由は以下の通りです。

1．成長性を評価してファンダメンタルズ（ＰＢＲやＰＥＲ）から見て明らかに割高な株を買うというグロース戦略は、〝その成長が今後も未来永劫続く〟という非常に不安定で陽炎のような〝現実にはあり得ない前提〟に立っているのが、落ち着かなくてたまらなく嫌であること。

2．グロース投資の長期成績が劣悪であること。『ウォール街のモメンタムウォーカー個別銘柄編』によると、１９２７～２０１４年の87年間の長期パフォーマンスで見て、モメンタム株が16・85％、バリュー株が12・41％、ベンチマークとなるＳ＆Ｐ５００が９・95％なのに対して、グロース株は８・70％とインデックスに劣後する悲惨極まりないものとなっている。〔編集部注・第1巻１１１ページご参照ください〕

3．過去17年間の自分の観察でも、グロース投資家は単年度で好成績を収めることはよくあるが、数年単位で見ると高い確率で淘汰されて市場から消えている。生き残っているのは、〝モメンタム／トレンドフォロー投資家〟と〝バリュー投資家〟がほとんどである。

さて、この本の紹介は以上です。簡単に読み切れますし、それでいて得るところの多い名著と思いますので、未読の方は是非。

図解でわかる　ランダムウォーク＆行動ファイナンス理論のすべて

田渕　直也［著］、日本実業出版社・2005年

1. 総論

田渕直也氏の著作ではブログで『ファイナンス理論全史』を紹介していますが、本書も凄まじい出来です。今回の書評に当たって改めて再読したのですが、日本人著者による投資関連本としては間違いなくオールタイムベスト10に入る傑作と思います。**太鼓判認定の名著**ですね。

なぜ紹介が遅れたのかというと、あまりにもいい本で自分の投資家としてのエッジ（優位性）の一部になっているので、できれば秘密にしておきたかったのです。でも、色々な本の書評を書いていく中で、そろそろどうしても隠しきれなくなってきたので、それで観念して覚悟を決めて渋々出したということです（滝汗）。

すみません、いきなり興奮してしまいました。初回なので目次を見ておきましょう。

全体が素晴らしいですが、**特に第1～3章、第6～7章が凄いです。そして中でも第3章は神がかり的な仕上がり**と思います。

それでは、本書のベストオブベストの大トロの部分だけを、一緒に味わっていきましょう。

2. 投資とは総合科学である

今回はいきなり素晴らしい出来の「第1章　マーケットとは何か？　投資とは何か？」からです。この章の内容は非常に重厚であり多くの示唆に富んでいて、全投資家必読と思いますね。

「マーケットでは何が必然で、何が偶然かということがはっきりとはわからない。

具体的に言えば、勝ったり負けたりすることが、投資家の実力によるものなのか、それともたまたまなのかがはっきりと断定できない。

つまり、本当の実力を知らないで、数回の投資結果だけを見て投資家の優劣を判断することは、ほとんど不可能」

「インデックスファンドのリターンを上回らなければ勝ったことにはならない。

どんな投資家も、どんな投資スタイルも、必ず何らかの癖をもっているもので、そうすると、程度の差はあっても完全にリターン・リバーサル現象から逃れることはできない。

つまり、投資家によって、収益を上げやすい局面と、損失を出しやすい局面があるのです」

この田渕氏の指摘は、簡潔でありかつ同時に深いですね。例えば、「個人投資家パフォー

図表　投資理論には諸科学と哲学の融合が必要

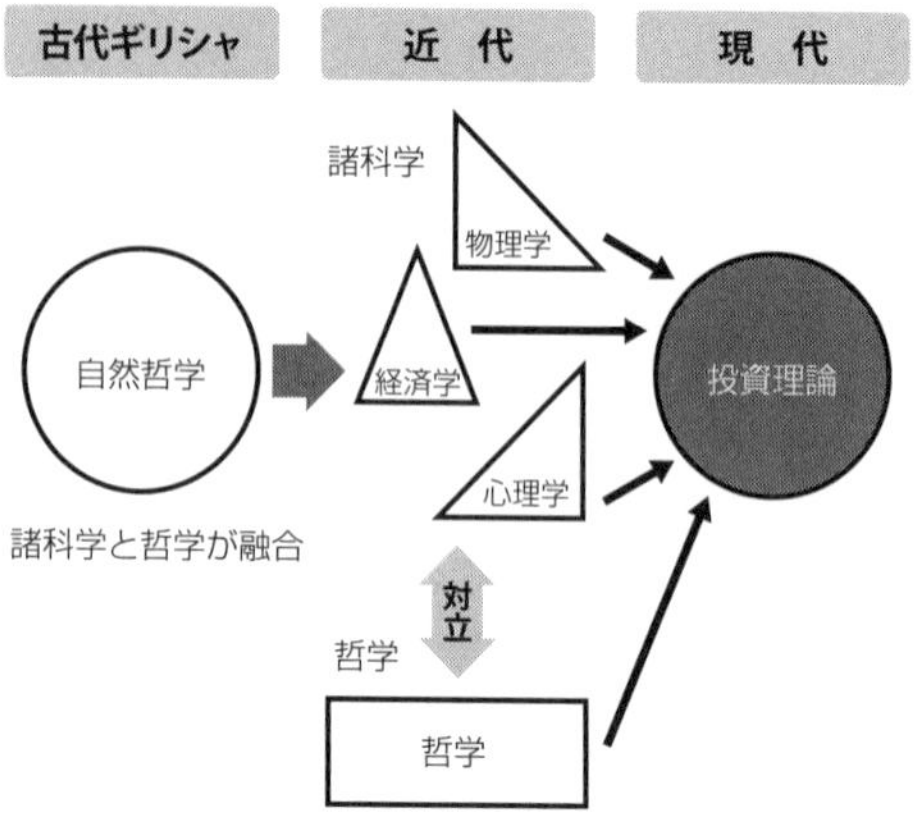

出所：『図解でわかる ランダムウォーク＆行動ファイナンス理論のすべて』より引用

マンスランキング」http://value-ranking.seesaa.net/ を見ても、ある年にずば抜けた素晴らしい成績を叩き出した方が、次の年にはランキング下位で絶不調に喘ぐことは非常によくあります。

またある特定の投資手法の成績が良ければ、〝ツイッター・イナゴ〟全盛の現在ではあっという間に完コピされてしまうので、その優位性は決して長くは続かないということもあると思います。

「投資とは、期待リターンの見当をつけ、それを論理的に推定していく作業。

結局、〝この投資対象の期待リターンがプラスである〟とか、〝私のやり方は平均的には勝てるはずだ〟というのは、方程式の解のように厳密に証明できるものではなく、最終的には信念によるものなのです。

この信念を〝投資哲学〟といいます。

投資にはこの投資哲学が不可欠です。投資哲学をもたずして、プラスの期待リターンを追求することはできません」

うん、その通りと思います。そして私にとっての投資哲学は、自分自身で作り上げこれまで絶えず磨き続けてきた**優待バリュー株投資手法**そのものとなります。

投資家は皆、自分自身の性格と能力にジャストフィットした投資手法・哲学をそれぞれが編み出して戦って行かなくてはならないんですね。

「**投資理論は哲学的要素も含めた総合科学**」

そう、投資とは総合科学なのです。数学と理科ができるだけではダメで、国語も社会も美術もできなくてはならない、まさに総合格闘技なんですね。

3. ランダムウォーク理論を乗り越えた投資理論だけが生き残る

今回は、「第2章　ランダムウォーク理論が示唆する投資の虚無的な世界」から。

「結果として多くの投資家は、**ボーグルの挑戦**に敗れ去りましたが、その壁を乗り越えようという努力の結果、さまざまに洗練された投資手法が生み出されるようになりました。

米国には実に多種多様な投資手法が存在し、一部のヘッジファンドなど優れた投資成績を残す投資家を絶えず生み出しています。

パッシブ運用の躍進が、アクティブ運用に磨きをかけ、それが米国を投資最先進国へと押し上げる要因の一つとなったのではないかと私は考えています」

「ランダムウォーク理論のまとめ
ランダムウォーク理論がすべての投資理論の出発点。

アクティブ運用はパッシブ運用に勝てない。

マーケットの大部分はランダムウォーク。

マーケットにわずかに残る〝ランダムではない部分〟に焦点を当てない限り、期待リターンを高めることはできない」

図表　投資理論におけるランダムウォーク理論の重要性

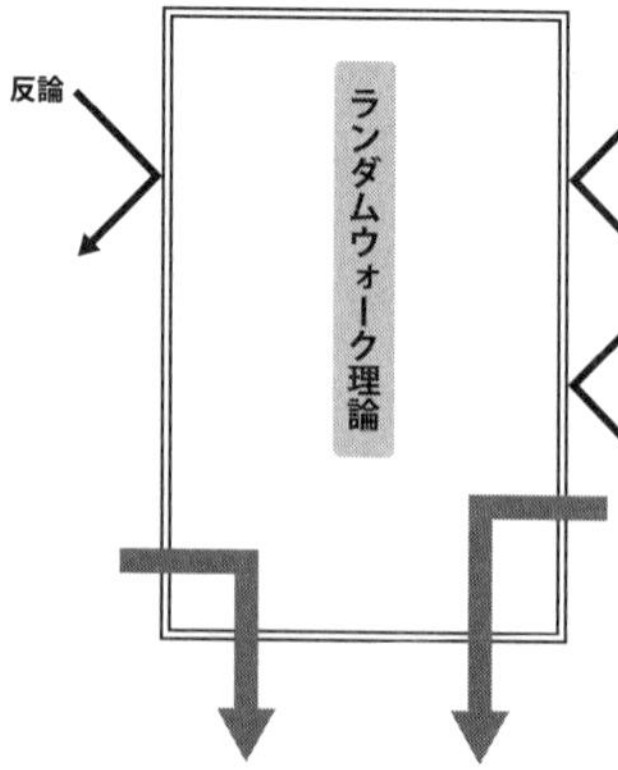

ランダムウォーク理論を乗り越えた投資理論だけが生き残る

出所：『図解でわかる ランダムウォーク～』より引用

これはランダムウォーク理論に関する〝完璧なまとめ〟ですね。ただ私はアクティブ投資家なので常にマーケットの〝ランダムではない部分〟を探し続けて戦っていますし、同時に投資先進国のアメリカとは違って多くの非効率が、抜け穴が、〝まるっとそのまま〟放置され残されているここ日本では、アクティブ運用が勝てる可能性は非常に高いと考えています。

「投資理論におけるランダムウォーク理論の重要性

ランダムウォーク理論を乗り越えた投資理論だ

け が生き残る」（図表参照）。

この田渕氏のまとめは凄いですね。今のところマーケットでその優位性が認められている投資手法は、**〝小型株効果〟〝バリュー効果〟〝モメンタム効果〟**の3つですが、私はさらにそこへ、**〝優待株効果〟**を加味した〝**4本の矢＝優待バリュー株投資手法**〟を持って、これからもランダムウォーク理論を超えていこうと決意しています。

4. 信念、知性、哲学的な洞察力そして精神的な強靭さが必要

今回は、第2章末の印象的なコラム「高名な投資家たち」からです。

「彼らはいずれも知的で、哲学的な趣を持っており、いわゆる〝山師〟〝相場師〟という雰囲気とはかなり異なります。

さらに、いずれも〝不確実性〟ということに対する深い洞察力を持つと同時に、確固たる信念と忍耐力を有していることでも共通しています。

彼らの存在はマーケットに非効率が存在する証であるとともに、**投資で成功するためには、信念、知性、哲学的な洞察力、そして精神的な強靭さが必要な要素であること**を強く示唆しています」

つまり投資で成功するには、しっかりとした投資哲学を持ち、さらに極めて知的（IQが高い）でかつ精神力も強くなくてはならない（EQが高い）ということですね。私はこのコラム

を読んですぐに、先に紹介した『投資で一番大切な20の教え』の中で著者のハワード・マークスが述べていた次の至言を思い出しました。

「投資を成功させるには、数多くの独立した要素に同時に思慮深く注意を向ける必要がある。一つひとつの〝一番大切なこと〟が、強固な壁となるべきものを構成するレンガなのであり、どれが欠けても困るのだ」

私たちが愛する投資の世界では、成功すれば驚きで目がまん丸になるような、巨大な金銭的な報酬が得られます。ただ、その道のりは極めて困難な物であり、だからこそ我々投資家は日々勉強を欠かさずに、少しでも半歩でも成長していかなくてはならないんですね。

5. 投資の世界では、常識的な普通の人間は勝てない

今回からは、本書中で最高の出来である「第3章　行動ファイナンス理論が示唆するマーケットの非効率の存在」を見ていきます。

今回はまずはプロスペクト理論のおさらいから。

「行動ファイナンス理論の中心的な概念に、カーネマンの損失回避理論、すなわちプロスペクト理論と呼ばれるものがあります」

「ダニエル・カーネマン教授は、〝人間は同額の利益から得る満足よりも、損失から受ける苦痛のほうが大きい〟という原則を発見しました。そして、その結果、人間は損失を回避するこ

とを優先するという〝損失回避理論〟を打ち立てたのです」

「このような効用曲線を持つ自然人間（損失回避人間）が投資をすると、少しずつ勝って大きく負けてしまい、

大きな損失の痛手で、〝損失回避〟の傾向がより強くなって、投資から身を引いてしまう

↓ 永遠に負け組として終わる」

図表　自然人間（損失回避人間）の投資行動パターン

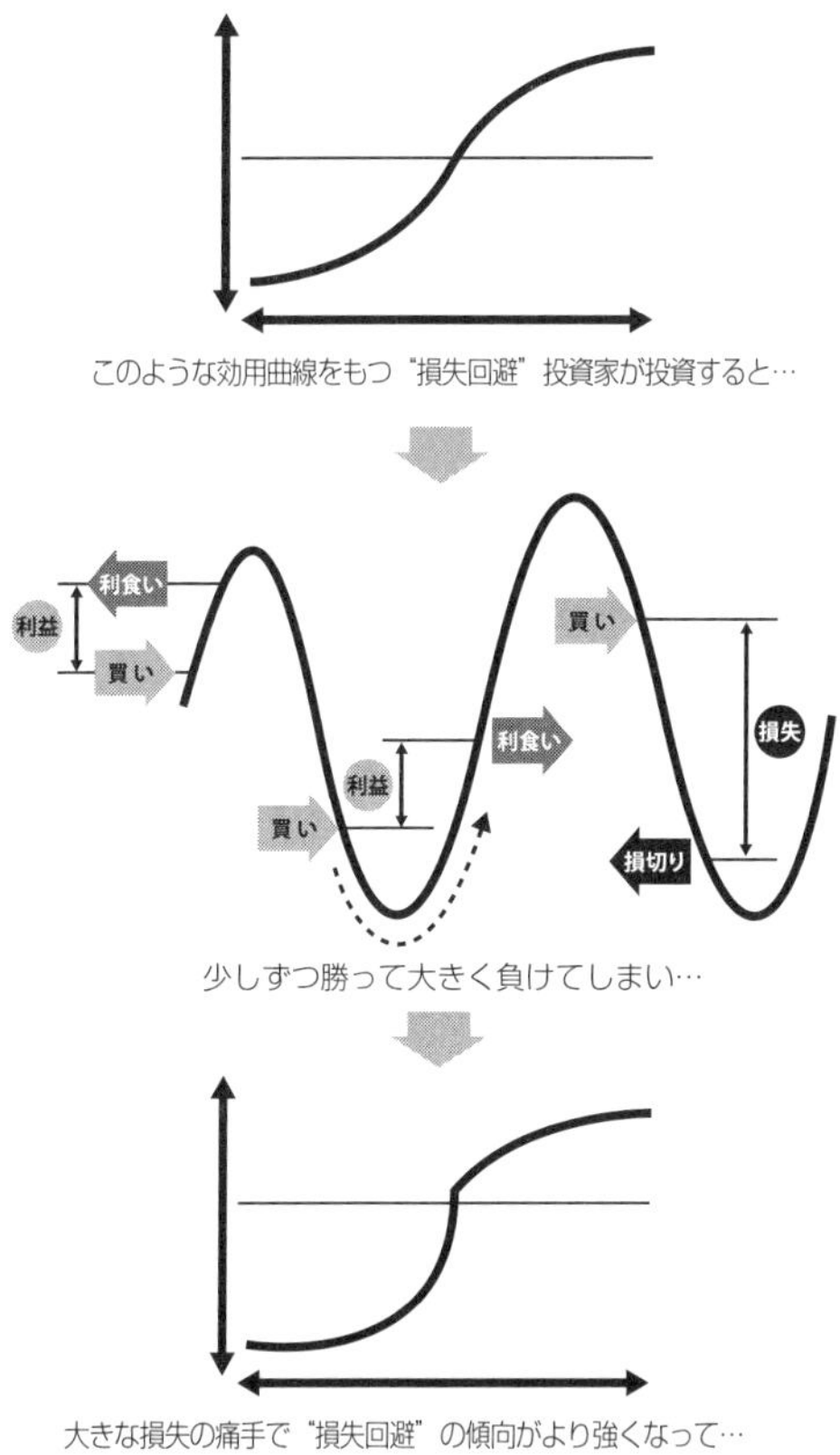

このような効用曲線をもつ"損失回避"投資家が投資すると…
利食い
利益
買い
買い
利益
利食い
買い
損失
損切り
少しずつ勝って大きく負けてしまい…
大きな損失の痛手で"損失回避"の傾向がより強くなって…
投資から身を引いてしまう　⇒　永遠に負け組として終わる

出所：『図解でわかる ランダムウォーク〜』より引用

　いやあ、田渕氏の説明は滅茶苦茶分かりやすいですね。つまり、「自然人間＝大多数の投資家は、**人間が本能として持っている〝損**

失回避傾向〟のために負けるべくして負ける」ということなのです。

また株式投資で2~3億円の資産を作り〝これでもう安心〟とばかりにアーリーリタイアしたものの、その後〝なぜか急激に勝てなくなって〟苦労している投資家の方というのを以前からよく見ますが、これも「この種銭は絶対に失えない」という思いから、無意識のうちに〝損失回避傾向〟が強くなってしまい、それでパフォーマンスを落としてしまうのではないか? と個人的には推察しています。

さらに言うと、日本株市場はこの30年間ほぼ〝世界最弱〟であり続けているわけであり、そういう弱い地盤で戦っている以上、アーリーリタイアをするならば最低でも純金融資産で5億できれば10億円程度はあった方がいいのではないか? とも感じています。きっとその方が〝精神的に有利に〟戦えると思うのです。

すみません、少し脱線しました。またこの「自然人間=大多数の投資家は負ける」という事実は、言い方を変えると、**投資の世界では普通の、常識的な人間では勝てない**ということでもあります。勝つためには人間の本能とそれに伴う大脳皮質の働きを常に制御し続ける必要があり、それは世の中の99%を占めるほとんどすべての投資家にはとても難しい、むしろほとんど不可能なことです。

そして実際に私の観察でも、市場で大きな資産を築き上げているS級・超A級の投資家は、「どちらかというと常人とは言えない。全く常識がなく、むしろ明白に奇人・変人」である場合が非常に多いんですね。

6．リスク・プレミアムは永続するし、日本株は過小評価に過ぎる

今回も、本書中で最高の出来である「第3章　行動ファイナンス理論が示唆するマーケットの非効率の存在」から。

「プロスペクト理論から導かれるもう1つの重要な原理があります。

〝リスク・プレミアム〟です。

効率的なマーケットでは値上がりするか値下がりするかは五分五分です。これを先ほどの損失回避人間の効用曲線に当てはめて考えてみましょう。

そうすると、たとえば20％値下がりする確率と、同じだけ値上がりする確率は同じですが、損失から受ける苦痛は利益から得られる満足よりも大きいため、多くの投資家にとって株式投資は割に合わないものとなります。

これが割に合うようになるためには、効率的市場で決まる本来の株価よりもリスク・プレミアム分だけ安く投資できなければなりません。つまり、損失回避人間が価格の主導権を握っているマーケットでは、株価は効率的市場の株価よりも安く設定されているはずなのです。

多くの実証研究により、１９９０～２００３年の日本株のような例外はあるものの、長期的には株式投資のリターンは安全な国債への投資リターンよりも高くなる傾向が広範囲に確認さ

れています。

株式投資のリターンが国債投資のリターンよりも傾向的に高くなるこの現象は、古典的な投資理論では説明できないため、長く〝株式プレミアムの謎〟と呼ばれていました。しかし、非対称的な（限界）効用曲線という現実的な設定を置くだけで、この謎は理論的に説明できるようになります」

「**図表　株価に含まれるリスク・プレミアム**」は素晴らしいです。

図表　株価に含まれるリスク・プレミアム

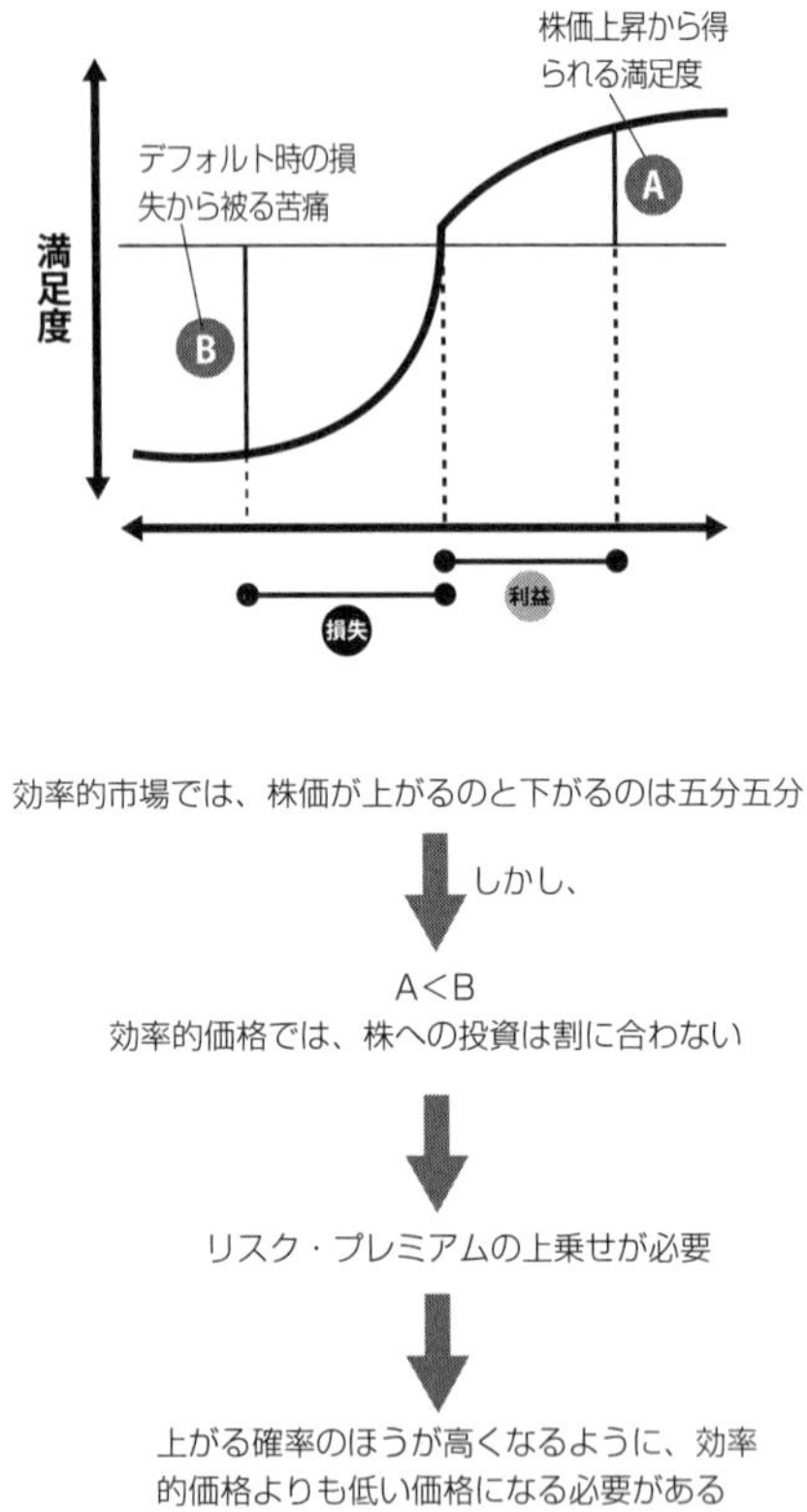
株価上昇から得
られる満足度
デフォルト時の損
失から被る苦痛
満足度
A
B
利益
損失
効率的市場では、株価が上がるのと下がるのは五分五分
しかし、
A＜B
効率的価格では、株への投資は割に合わない
リスク・プレミアムの上乗せが必要
上がる確率のほうが高くなるように、効率
的価格よりも低い価格になる必要がある

出所：『図解でわかる ランダムウォーク〜』より引用

リスク・プレミアムがなぜ発生するのか、この表だけで一発で分かりますね。私達投資家にとっての利益の源泉であるリスク・プレミアムは、他でもない、自分を含めた人

間という生物が持つ、根源的な特徴から生まれているということです。そしてより重要なことは、このようにとても生き物としての奥深い所から発生するものだからこそ、**株式投資におけるリスク・プレミアムは永続する**ということです。

そしてこの株式投資のリスク・プレミアムが永続するということには、強固なエビデンスもあります。以下は第1巻で紹介した『ファクター投資入門』からの引用です。

「株式のリスク・プレミアム（ERP：equity risk premium）：１９６６～２０１５年において、年平均プレミアムは、すべてのケースでプラス。世界全体では４・１％、アメリカを除く世界全体で４・５％、ヨーロッパが５・１％である。市場ベータのプレミアムに普遍性があることは明白である。また、アメリカが最も高いリターンをもたらす国ではないことが分かる」

世界のERPは超長期で見て、全世界でももちろん日本でもプラス。日本市場の成績は、１９００～２０１５年で６・２％、１９６６～２０１５年で４・０％。ちなみに世界平均は１９００～２０１５年で４・２％、１９６６～２０１５年で４・１％です。

なので、超長期で見れば日本株のパフォーマンスは別に悪くないし、むしろここ30年間が〝特異的に悪かっただけ〟と個人的には考えています。そのため、〝平均回帰の原則〟によって、**ここから数十年の日本株は全世界株式のパフォーマンスを大きく凌駕する可能性も十分にあると自分は思っています**〔編集部注・第１巻316ページご参照ください〕。

なぜなら、この10年ほどで日本企業は全体として飛躍的に財務状態が改善しており、かつ指標的に世界レベルでもトップクラスに割安なディープバリュー株が増えているからです。

すみません、ちょっと脱線しました。

さて私は昔も今も、金融資産のほぼ１００％を、常に株式投資にぶっこんで勝負し続けているのですが、その理由は、それが一番理に適っているからなんですね。

7．リスクをとればとるだけ期待リターンが高くなる

今回も、最高の出来である「第３章　行動ファイナンス理論が示唆するマーケットの非効率の存在」から。

「人気と投資価値は反比例
こうしたリスク・プレミアムは、対象があまり知られていないもの、あるいは人が心理的に嫌うものであればあるほど、大きくなります。

逆に、誰もが知っている有名な投資対象では、投資家の（限界）効用曲線の非対称性が薄まり、あまり大きなリスク・プレミアムが要求されず、したがって価格は割安ではなくなり、期待リターンも大きくなりません」

大型株よりも小型株の方が投資成績が良いという**小型株効果**や、タバコ産業やサラ金銘柄の株価が割安になりやすい、ことの分かりやすい説明ですね。

「リスクテイカーは報われる

そして、リスクの大きいものには大きなリスク・プレミアムが織り込まれているということは、**リスクをとればとるだけ期待リターンが高くなること**を意味します。

リスクが大きい投資対象は、そのリスクに見合うようにリターンも大きくなるのは当然ですが、それだけではなく、その**リスクを考慮した後のリターン（リスク調整後リターン）がプラスになっていく**のです。つまり、リスクが高いものはプラスの期待リターンをもち、負けるよりも勝つ確率が高いという意味になります。

図表　リスクが高いものほど勝つ確率が上がる？

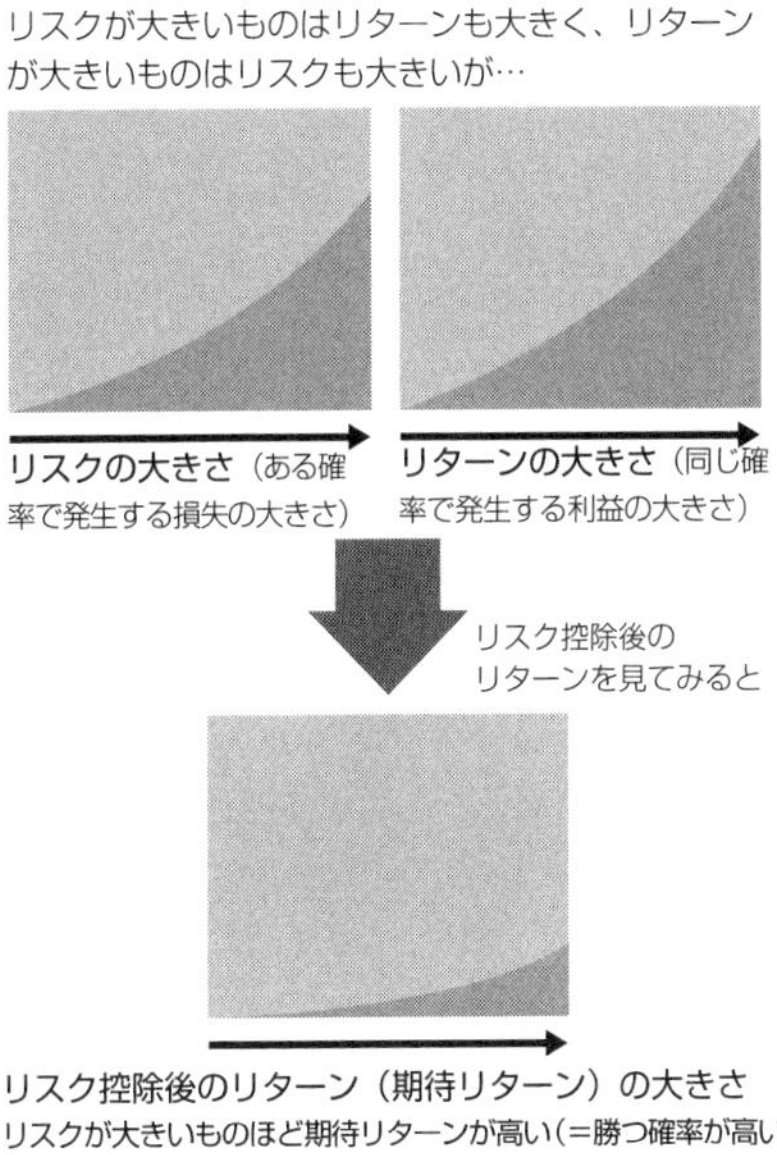
リスクが大きいものはリターンも大きく、リターンが大きいものはリスクも大きいが…
リスクの大きさ（ある確率で発生する損失の大きさ）
リターンの大きさ（同じ確率で発生する利益の大きさ）
リスク控除後のリターンを見てみると
リスク控除後のリターン（期待リターン）の大きさ
リスクが大きいものほど期待リターンが高い（＝勝つ確率が高い）

出所：ダウ・ジョーンズ（『図解でわかる ランダムウォーク＆行動ファイナンス理論のすべて』より引用）

大きなリスクをとることは、勝つ確率を高めることでもあるのです

「リスクが大きいものほど期待リターンが高い」

いやあ、これまた実に分かりやすい説明ですね。

そして田渕氏の指摘とほとんど同様なことを、第1巻で紹介した『**リスクの心理学**』の中で、

著者の**アリ・キエフ**も繰り返し述べていました。おさらいで少し引用してみましょう。

「大半のトレーダーは十分なリスクを取っていない。

大きなリスクを取るとかなりの確率で報われることがわかっていない。

トレーダーを名乗るのであれば、ある程度のリスクを取らなければならない」

そう、**私達投資家は常に意識して〝意味のあるリスク〟を取らなくてはならない**、そういうビジネスであり、またそれが我々の宿命なんですね。

8. リスクヘッジは高くつく

今回も、本書中で最高の出来である「第3章　行動ファイナンス理論が示唆するマーケットの非効率の存在」から。

「リスク・プレミアムを収益化するには本能に逆らうことが必要
リスク・プレミアムは、**人間が嫌がることに対する対価**なのです。

リスク・プレミアムを得るには、自らの効用（心理的満足）を犠牲にしなければならないのです。

結局、リスク・プレミアムとは、多くの人が嫌がるものに対して、**多くの人が嫌がっている間に果敢に立ち向かっていく少数の人たちに対する報酬として用意されているもの**だといえます」

ふー、リスク・プレミアムの本質についてのこれ以上にない、極上に分かりやすい説明ですね。本当にこの本は最高すぎます。

「リスクヘッジは高コスト

リスク・プレミアム（とその背景のプロスペクト理論）は、簡単にいえば〝人はリスクを過度に嫌う〟ということです。これは裏を返せば、〝人はリスクをヘッジするためには多少のコストは厭わない〟ということにつながります。

しかし、人間の本能に従ってリスクヘッジばかりしていると、大きなリターンは期待できません」

私もこの田渕氏の考え方と全く同じです。そのため株式投資でも常にシンプルに「**持っている全資産を現物株にそのまま投入＆流し込んで、常に１００％フルインベストメント**」という姿勢を貫いていますし、ヘッジのためにインバース型のＥＴＦを買ったりもしません。また理論上〝損失が無限大∞〟になる可能性があり、「リスクとリターンを考えると釣り合わない」と考えているため、空売りも一切しません。

もっと言うと、保険というものも昔から大嫌いで、必要不可欠な自動車保険以外には一切の保険にも入っていませんし、渋々入っている自動車保険に関しても割高な車両保険には絶対に入りません。車本体に何かあれば自腹で払えば済むからです。このように、**リスクヘッジは高くつく**ということを常に意識しながら投資家生活を送っています。

9．オポチューニスティック・スタイル

今回は「第6章　マーケットにわずかに存在する期待リターンの源泉と投資手法」から。

「マーケットというのは、いつも同じやり方でうまくいくものではありません。局面ごとに性質や構造が少しずつ変化するためです」

「すべてが循環していくマーケットにあって、そのときに最も自信があるものに投資していくことは、無意識のうちに無理にリスクをとりにいくという危険性を抑えることができるのでそれだけでも有益です。しかも、勝てる確率が高い投資をいくつも組み合わせていけば、勝てる確率そのものも上がっていくことになります。

投資対象を広げたり、複数の投資手法を採用することは、普通の投資家にとっては、投資がより難しくよりリスクが高くなるように感じられます。しかし、これも心理の罠です。**投資対象や投資戦略をたくさん持っているほうが、リスクは減り、勝てる確率は高くなる**のです。

こうした投資手法を、**オポチューニスティック・スタイル**といいます」

「著名投資家の多くは、多かれ少なかれ、オポチューニスティックな姿勢を持っています。それぞれがプラスの期待リターンをもつと考えられる投資手法や投資対象を組み合わせていくオポチューニスティック・スタイルは、究極の投資スタイルといっていいものです」

完全ではないかもしれませんが、私の現在の投資手法の根幹を成す**優待株いけす理論**でも、

優待株であれば、バリュー株を中心としつつもチャンスと見ればグロース株も手掛けます。逆張りがメインですが場合によっては柔軟に順張りもしますし、利益を出すためにはさまざまな投資手法を使っています。

また主力株の選出に当たっては、約675銘柄から構成される、広大な優待株いけすの中から常に総合戦闘力が最高のものだけを選び抜いてポートフォリオを組み上げるようにしています。その意味では、私の投資手法もオポチューニスティック・スタイルと言えるのではないかな？と感じました。

さてこれでこの本の紹介は終わりです。率直に言って、凄まじい完成度と、読んだ後の頭が整理された感が尋常じゃないですね。間違いのない超名著です。未読の方は是非。

あとがき――私の投資本読書歴

私はこれまでの20年間にわたる投資家生活の中で、数百冊以上の投資本を読み倒してきました。ここではその投資本遍歴と読書法を振り返ってみたいと思います。

今思い出してみると、株式投資の世界に踏み込むことを決意した最初期の1999～2000年頃には、まず図書館に行って「株式投資」のコーナーで本をパラパラめくりながら、読みやすそうな本・初心者向けの本を何冊か借りては家で読むことをしばらく繰り返していました。ただ当然、借りてきた本には書き込みができません。私はずっと昔から本にガンガン書き込みをしながら読まないと頭に内容が入ってこないタイプの人間だったので、すぐに、「あっ、これじゃ成長できない。やっぱり身銭を切って本屋さんで良さそうな本をたくさん買い込んで猛勉強しないとだめだな」と気付きました。

最初は街の普通の本屋さんで株の入門書を数冊買って基礎的な知識を学び、頭に詰め込みました。同時に『日経マネー』や『ダイヤモンドZA·i』などのマネー雑誌を参考にして、実際に買う株の候補を探したりしていました。「株式市場には巨万の富が眠っている」と信じ、実際に投資を始めたくてウズウズしていたので、すぐにネット証券の口座を開いて投資の〝戦場〟

に飛び込んだのです。

＊

しばらく株の売買をしているうちに、自分には〝市場で戦っていくための実践的な知識〟が全く足りないと感じるようになりました。指標的に割安な株を買ってのんびり保有していても株価が下がり続けたり、逆に指標的に非常に割高なので買うのを見送った株がドンドン上昇し続けたりするのを目撃して、「株式市場は様々な複雑な力が働いているところなんだな」と実感したからです。

ただ2001年頃には、一般の書店で買える良さそうな本は大体買い尽くしてしまっていたので、今度は思い切って街で一番大きな書店にあった株式投資の専門書のコーナーに出かけてみました。

そこには普通の本屋さんでは見かけないような、分厚くて高価な本がたくさん並んでいました。それが私の〝パンローリングの投資本〟との初めての出合いでした。「意味は不明だけど、スマートな社名だな」と感じたのを覚えています（笑）。

たくさんの本を手に取り、裏表紙の本の解説文をむさぼり読み、良さそうなら前書きや序文を読んでみる、ということを繰り返しながら少しずつ本を増やしていきました。当時の自分はとても貧乏だったので本の購入で失敗したくなかったのです。

この頃に買った本には、『生き残りのディーリング』（矢口新著、パンローリング）、『カウンターゲーム』（アンソニー・M・ガレア、ウィリアム・パタロン三世著、パンローリング）、『ピーター・リンチの株で勝つ』（ピーター・リンチ著、ダイヤモンド社）、『バフェットのポートフォリオ』（ロバート・G・ハグストローム著、ダイヤモンド社）などがあります。

難しくて最初はよく理解できなかった本もありましたが、市場で手痛い経験を積みながら、たくさんの投資本を繰り返し読むにつれて、〝知識が複利で膨れ上がって〟段々と血肉になっていきました。私にとって宝物のような存在で、読み過ぎてぼろぼろの状態ながら今でもすべてが私の本棚に鎮座しています（笑）。

2005年くらいからは、株式投資による資産がかなり増えたこともあり、また「良い投資本が定価の数千倍の利益を生み出してくれる」可能性も既に実体験として学んでもいましたので、高い本も買うようになりました。

当時はバリュー投資一筋だったので、バリュー投資に関する名著を買いまくりました。難解で半分も理解できない『バリュー投資入門』（ブルース・グリーンウォルド他著、日本経済新聞社）のような本もありましたが、〝量をこなせば、いつかは質に変換するはず〟という確信があったので、あまり気にせずとにかくたくさんの本を読みました。すると数年後に気付いた時には、やっぱりいつの間にか大体理解できるようになっていました。

＊

読書の興味の対象にも何回か変化がありました。2012年頃には、「どうやらバリュー投資以外に、モメンタム投資の手法があってそれが非常に有効らしい」ことに気づいて、今度は集中してジェシー・リバモア、リチャード・ワイコフ、ニコラス・ダーバス、ウィリアム・オニール、マーク・ミネルヴィニらのモメンタム系の本を大量に読みはじめました。特に2015年に発売になった『ウォール街のモメンタムウォーカー』（ゲイリー・アントナッチ著、パンローリング）には大きな影響を受けました。

また同じ頃、「市場で長く勝ち抜いている投資家は、とにかくメンタルが強靭でかつ安定している」と気づき、相場心理学・行動経済学に関する本も大量に読み出しました。特に『リスクの心理学』（アリ・キエフ著、ダイヤモンド社）からは多くを学んだと思います。

このように多くの投資本を読むことによって、知識がどんどん積み上がってそれらが有機的に繋がり、同時に自分の投資家としての〝足りないところ〟が次々にくっきりと明白になり、自らの弱点を補うための計画的な〝攻めの読書〟を続けてきました。

そして今年は、数多くの愛読書がある大好きな出版社パンローリングから本を刊行するという機会に恵まれました。この場で、同社の後藤康徳社長と、編集部の徳富啓介氏、スタッフの皆さまに感謝をお伝えしたいと思います。

＊

最近の私はどうかというと、相場心理とくに〝自らの恐怖をコントロールする方法〟に関しての知識と経験が劣っていると考えていて、集中して関連書籍を読み漁っています。

どうやら私にとって投資本とは、〝読めば読むほどに、自分に足りない課題がはっきりと分かる鏡〟なのでしょう。ある意味、〝ゴールは存在しない〟んですね。

常に変化と進化を続けるマーケットで生き残り続けるためには学び続けなくてはならないという気持ちもあり、今後とも読書とは縁が切れそうにありません（笑）。

それでは、そろそろ次の投資本を読み始めることにしましょう。いつかまた、続刊で再会できることを期待しながら。

みきまる

２０１９年12月

■著者紹介

みきまるファンド（みきまる・ふぁんど）

優待株の中から割安で総合戦闘力が高い銘柄を選別して2～3年の中期の時間軸で戦う「優待バリュー株投資」を実践し、数億円の資産を築いた兼業投資家。優待株投資のパイオニア＆第一人者であり、ブログ「みきまるの優待バリュー株日誌」は、優待族のバイブルとして支持を得ている。著書に『みきまるの【書籍版】株式投資本オールタイムベスト』（パンローリング）『楽しみながらがっちり儲かる 優待バリュー株投資入門』（日経ＢＰ）など。

◇「みきまるの優待バリュー株日誌」 https://plaza.rakuten.co.jp/mikimaru71/

◇「みきまるファンド」 https://twitter.com/mikimarufund/

みきまるくん

まっすぐシンプルに、優待バリュー株投資に邁進する、永遠の3歳児

【免責事項】

※内容には正確を期すよう万全の注意を払いましたが、記述内容に誤り、表現の不統一、引用箇所の不一致などがありましても、その責任は負いかねます。何卒ご了承いただきますようお願いいたします。

※本書に基づく行為の結果発生した障害、損失などについて著者および出版社は一切の責任を負いません。

※本書に記載されている会社名・製品名・書名などは、それぞれ各社の商標および登録商標です。

※本書に記載されているURLなどは予告なく変更される場合があります。

※本書の内容は、ブログ「みきまるの優待バリュー株日誌」執筆時、および2019年（令和元）12月の本書執筆時点の状況に基づいています。

2020年2月4日　初版第1刷発行

現代の錬金術師シリーズ ⑮⑺

みきまるの続【書籍版】株式投資本オールタイムベスト
――独学でもっと学びたい読者のための30冊

著　者　　みきまるファンド
発行者　　後藤康徳
発行所　　パンローリング株式会社
　　　　　〒160-0023　東京都新宿区西新宿7-9-18　6階
　　　　　TEL 03-5386-7391　FAX 03-5386-7393
　　　　　http://www.panrolling.com/
　　　　　E-mail　info@panrolling.com
装　丁　　パンローリング装丁室
組　版　　パンローリング制作室
印刷·製本　株式会社シナノ

ISBN978-4-7759-9172-5
落丁・乱丁本はお取り替えします。

また、本書の全部、または一部を複写・複製・転訳載、および磁気・光記録媒体に入力することなどは、著作権法上の例外を除き禁じられています。

【免責事項】

この本で紹介している方法や技術、指標が利益を生む、あるいは損失につながることはない、と仮定してはなりません。過去の結果は必ずしも将来の結果を示したものではありません。この本の実例は教育的な目的で用いられるものであり、売買の注文を勧めるものではありません。

本文・イラスト ©Mikimaru-Fund ／ 図表 ©Pan Rolling　2020 Printed in Japan